세계의
문자 사전

세계의 문자 사전

초판 1쇄 발행 | 2023년 2월 9일
지은이 | 연규동

펴낸곳 | 도서출판 따비
펴낸이 | 박성경
편 집 | 신수진, 정우진
디자인 | 이수정
출판등록 | 2009년 5월 4일 제2010-000256호
주소 | 서울시 마포구 월드컵로328길 6(성산동, 3층)
전화 | 02-326-3897
팩스 | 02-6919-1277
메일 | tabibooks@hotmail.com
인쇄·제본 | 영신사

ISBN 979-11-92169-22-4 03700
값 25,000원

한국한자연구소 연구총서 13

언어학자 연규동 유고 선집

세계의
문자 사전

연규동 지음

책을 내며

"언어는 인류의 고귀한 자산입니다. 인류를 최고의 영장으로 만든 언어에 대한 연구가 줄곧 관심거리였고, 고대 언어는 음성이 아닌 문자로 기록되었기에 '문자'에 대한 연구로 그 관심이 집중되었습니다. 그리하여 우리의 한글, 즉 훈민정음에서부터 주변의 문자로, 다시 세계의 문자로 그 대상을 넓혀나갔습니다. 게다가 언어든 문자든 모두 언제나 변하게 마련입니다. 그 규칙과 원인을 과학적으로 논리적으로 찾고자 했습니다."

연규동 교수가 오랜 연구 생활 끝에 우리 연구소로 이직해 온 이듬해, 한 인터뷰에서 말한 당신의 연구 생애에 대한 개요입니다. 연 교수의 말처럼, 그는 평생 언어 연구에, 특히 문자의 일반 이론 연구에 매진해온 학자였습니다. 단순한 정태 분석이 아닌 동태적 입장에서 그 변화 규칙을 찾고, 그것을 추동하는 원인을 분석하고, 세계의 문자들이 갖는 공통성과 차별성, 그리고 그것이 주는 문화적 의미를 찾는 데 온 시간을 바쳤습니다.

추억해보면, 연 교수가 우리 연구소 사업단에 합류하여 새로운 식구가 되었을 때 너무나 기뻤고 한없는 기대를 했던 순간이 생생합니다. 그 전까지 일면식도 없었지만, 연 교수는 이미 이 분야에서 우리나라의 대표적 연구자였기 때문입니다. 더구나 당신은 언제나 온화한 모습에, 그러면서도 논리적이며 엄격한 태도를 가진, 연구과 삶이 오롯이 하나로 연결된 '학자' 자체였습니다. 연 교수가 좋아하고 즐겨 사용했던 학불염이교불권(學不厭而敎不倦)이라는 말처럼, 그는 언제나 '배움에 싫증 내지 않고 가르침에 게으르지 않았던' 공자의 삶을 실천하고자 했습니다. 언제나 새로움에 대한 폭발적인 관심을 가졌고, 어떤 질문에도 조곤조곤 친절한 답변과 온화한 설득을 돌려주며 학문과 인격을 보여주었습니다.

그랬던 그가 자신의 꿈과 학문세계를 다 펴지 못하고, 병마와의 싸움 끝에 우리 곁을 떠나고 말았습니다. 우리 연구소로서도, 한국의 학계로서도 큰 자산을 잃었습니다. 이 안타깝고 아쉬운 마음을 조금이라도 달래고 연 교수와의 짧은 추억을 새기고자 그가 남긴 두 저작《세계의 문자 사전》과《문자와 언어학》을 우리 한국한자연구소의 연구총서로 출간하기로 했습니다.

전자는 세계의 문자를 국내에 소개하기 위해 네이버 지식백과에 정기적으로 소개해왔던 오랜 실천이며, 후자는 일반 보편론적 입장에서 문자에 대한 이론을 구축하려 했던 저작입니다. 비록 완성된 원고는 아니지만 이에 관한 연구가 일천한 우리 학계에 관련 연구를 도발하고, 또 진행중인 연구에도 큰 도움이 될 것으로 확신합니다.

연 교수의 출신 대학이자 학문 형성과 활동의 주된 근거지였던 서울대학교 언어학과 동문들도 마침《연규동 교수의 우리말 어휘 이야기》를 유작으로 출판하여 연 교수와의 추억을 함께할 계획이라, 이번 출판은 더욱 의미가 있을 것입니다. 다만, 연 교수가 인용하거나 참고한 부분을 원고만으로 일일이 찾아 밝히지 못한 것은 매우 아쉬운 점입니다. 불완전한 내용을 보충하는 작업 또한 혹연 교수의 의도와 달라질까 우려해 최소화할 수밖에 없었습니다. 이러한 아쉬운 점에 대해서는 깊은 양해의 말씀을 드립니다.

이 책의 출판은 유가족의 열성에 우선 큰 은혜를 입었습니다. 부인 윤경희 님과 아들 연한결 님의 의지와 열정이 없었으면 어려웠을 것입니다. 또 연 교수와 우리 연구소에서 동료로 지냈던 조정아 교수께서 선뜻 기획, 편집, 보충, 교열 등을 도맡아주셨습니다. 그리고 열악한 출판환경에서도 우리의 의지에 동참해 미완의 저술을 교열하고 출판을 맡아주신 도서출판 따비와 그 과정에서 여러 노력을 한 우리 연구소 최승은 교수께도 감사를 드립니다.

아무쪼록 한국에서는 처음으로 문자에 대해 조명한《세계의 문자 사전》과《문자와 언어학》이 우리 학계에 좋은 자양분이 되어 연 교수가 완성하지 못했던 관련 연구가 활발해지길 빕니다. 이것이 우리가 연 교수를 기억하는 방법이자 연 교수가 편안히 안식할 길이기도 할 것입니다.

2023년 2월
편집 대표
경성대학교 한국한자연구소 소장 하영삼

차례

책을 내며 4

1장
**문자의
발생**

설형문자 · 인류 최초의 문자 13

이집트 문자 · 문자의 어머니 28

엘람 문자 · 또 하나의 고대 문명을 기록한 문자 46

인더스 문자 · 아직 밝혀지지 않은 인도의 고대 문명을 담은 문자 60

크레타 섬의 문자들 · 그리스 신화를 낳은 문자 72

히타이트 문자 · 잃어버린 역사를 되찾아준 문자 85

2장
**문자의
확산**

원시 시나이 문자 · 이집트에 살던 셈족의 문자 107

페니키아 문자 · 알파벳 혁명, 세계 문자의 탄생 117

아람 문자 · 아시아 문자들의 기원이 되는 문자 133

3장
**아프리카의
문자들**

에티오피아 문자 · 아프리카에서 2,500년 동안 계속 사용되어온 문자 145

카르타고 문자 · 포에니 전쟁의 주인공 카르타고인들의 문자 159

베르베르 문자 · 공동체의 정체성과 자부심을 담은 문자 170

콥트 문자 · 그리스의 영향을 받은, 이집트의 네 번째 문자 181

4장
**서아시아의
문자들**

시리아 문자
· 동서양 문명의 교류를 담당했던 문자 189

5장
**중앙아시아의
문자들**

소그드 문자 · 실크로드의 문자 205

위구르 문자 · 동서양 문화의 가교가 된 문자 217

파스파 문자 · 훈민정음을 만들 때 참조한 문자 225

6장

**인도계
문자들**

브라흐미 문자 · 모든 인도계 문자의 바탕이 된 문자 239

타밀 문자 · 한국어와 비슷하다고 오해받은 타밀어를 적는 문자 247

구자라트 문자 · 한글과 모양이 비슷한 인도계 문자 255

티베트 문자 · 달라이 라마의 문자 261

7장

**아메리카의
문자들**

마야 문자 · 파괴된 문명의 자취를 간직하고 있는 문자 275

체로키 문자 · 19세기에 인공적으로 만든 문자 286

크리 문자 · 기하학에 기반을 둔 문자 294

8장

**유럽의
문자들**

룬 문자 · 마법의 힘이 담겼다고 믿어온 문자 303

글라골 문자 · 슬라브 민족에게 그리스도교를 전해준 문자 312

조지아 문자 · 세 종류의 글자체가 있는 문자 320

9장

**한자계
문자들**

거란 문자 · 한자를 바탕으로 새로 만든 문자 329

서하 문자 · 의미 자질에 바탕을 둔 문자 335

여진 문자 · 청나라의 선조들이 사용한 문자 343

그림·표 출처 351

연규동 교수 논저 일람 357

1장

문자의 발생

설형문자

인류 최초의 문자

- **시기** 기원전 3100년경~기원전 1세기
- **지역** 메소포타미아(오늘날 이라크 지역)
- **특징** 표의문자-단어문자, 표음문자-음절문자, 표음문자-자모문자
- **언어** 수메르어, 아카드어, 아시리아어, 바빌로니아어, 히타이트어, 고대 페르시아어, 엘람어, 히타이트어, 우가리트어

메소포타미아와 에덴 동산

　인류의 문명이 처음 시작된 곳으로 크게 네 지역이 꼽히는데, 그중 가장 오래된 곳은 메소포타미아 지역이다. 메소포타미아 (Μεσοποταμία, Mesopotamia)는 그리스어로 '강과 강 사이'라는 뜻으로, 오랫동안 티그리스 강과 유프라테스 강 사이의 지역을 가리키는 말로 사용되어왔다. 이곳은 대체적으로 현대 이라크에 해당하는 지역으로, 이슬람 문화권의 사람들은 이 지역을 가리켜 '섬'이

라는 뜻의 '자지라(جزيرة, Jazira)'라고 부른다. 우리나라 언론에서도
자주 언급되는 '알 자지라'라는 아랍 방송국의 이름도 바로 여기
에서 나온 말이다(알 카에다, 알 지하드 등 아랍어에서 쓰이는 '알'은 영어
의 정관사 the에 해당한다).

메소포타미아 지역은 '비옥한 초승달 지대'라고 불릴 만큼 땅
이 비옥하고 강수량이 풍부해, 기원전 4000년경부터 인간이 정착
해 농사를 지었다. 그리스도교의 성경에 나오는 "강 하나가 에덴에
서 흘러나와 동산을 적시고 그곳에서 갈라져 네 줄기를 이루었다.
…… 셋째 강의 이름은 티그리스인데, 아시리아 동쪽으로 흘렀다.
그리고 넷째 강은 유프라테스다."(창세기 2장)라는 구절에 따라, 에
덴 동산이 이 근처에 있었다고 생각하는 의견도 있다.

쐐기를 닮은 문자

이 땅에서 인류 최초의 도시 문명인 수메르 문명이 탄생했다.
1년을 12달, 하루를 24시간으로 하는 태음력과 1시간을 60분,
1분을 60초로 나누는 60진법, 원을 360도로 나누는 것은 모두
수메르 문명에 그 기원을 두고 있다. 그리고 마침내 지금까지 알려
진 문자 중 가장 오래된 '문자'인 설형문자(楔形文字, cuneiform)가 생
겨났다.

설형(楔形)이란 '쐐기 모양'이라는 뜻으로, 그 글자의 모습이 마
치 쐐기와 같아서 붙여진 이름이다. "그 선수가 한 골을 넣어 승리

쐐기

에 쐐기를 박았다."라는 문장에서 보듯이, 우리가 흔히 '쐐기를 박다'라는 표현으로 사용하는 '쐐기'는 일종의 나무못이다. 나무를 V자 모양으로 깎아서 나무로 짠 물건의 틈새에 박아 연결 부분이 움직이지 않도록 하는 데 쓰인다.

글자를 쓰기 위해서는 종이와 펜 등의 필기도구가 필요하다. 설형문자를 쓸 때 종이 구실을 한 것은 진흙으로 만든 점토판이며, 펜 구실을 한 것은 갈대 줄기나 뼈 같은 것들이었다. 이것들은 모두 당시 주변에서 쉽게 구할 수 있는 재료였다. 갈대 등의 끝을 뾰족하게 다듬어서 누르거나 새겨서 쓰면 점토판 위에 자국이 남게 되는데, 이것이 문자가 되었다. 문자의 모양이 쐐기를 닮게 된 것도 점토판과 갈대 줄기 때문에 자연스러운 일이었으며, 설형문자에 곡선이 거의 없는 이유도 바로 이러한 필기도구 때문이라 할 수 있다.

쓰기가 끝나면 점토판을 햇볕에 말려 보관했다. 그중 중요한 점토판은 가마에 구웠는데, 이렇게 하면 오래 보관할 수 있으며 심지어 큰 화재가 나더라도 이 점토판은 불에 굳어져 더 단단해진다. 이 때문에 지금까지도 수많은 설형문자 점토판이 남아 있다. 고대 이집트의 필기 재료였던 파피루스가 파손되기 쉬운 것과 대비된다. 또한 후대에는 석판이나 금속판뿐 아니라 바위, 금속, 상아, 유리, 밀랍 등에 새긴 경우도 많이 발견된다.

설형문자의 발생과 변천

설형문자로 된 자료는 수메르어를 기록하는 데에 처음으로 사용되었다. 이 문자는 기원전 3300년경 메소포타미아 남부의 우루크(Uruk. 성경에는 에렉으로 표기)에서 처음 등장한다. 이 문자를 사용한 수메르인들은 원래 바빌로니아 지역의 토착민이 아니었으며, 그 기원이 어디인지는 아직 밝혀지지 않았다. 그들의 언어였던 수메르어도 현재 알려진 어떤 언어와도 관련을 맺고 있지 않는 고립어로서, 이 지역 인근에서 사용되는 여러 언어가 셈어족이나 인도유럽어족에 속하는 것과 대비된다.

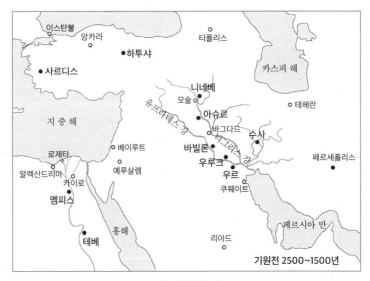

설형문자의 발상지

기원전 2500년경 수메르인들이 사용하던 문자는 이 지역 북부에 살던 아카드인에게 차용되었는데, 이를 '아카드 설형문자'라고 한다. 아카드어는 셈어족에 속하는 언어였는데, 이때부터 설형문자는 서아시아 일대의 공용 문자가 되어 아카드어에서 갈라진 언어인 바빌로니아어와 아시리아어 등 그 지역의 공용어였던 셈어족의 언어를 기록하는 데 사용된다. 또한 수메르어는 단음절로 된 언어로서 낱낱의 설형문자는 주로 단어문자로 사용되었는데, 아카드어에 차용되면서 음절문자로 바뀌게 된다.

설형문자는 기원전 6세기경 이 지역을 다스렸던 페르시아어뿐만 아니라, 오늘날 이란 지역에서 사용되던 엘람어, 현재의 튀르키예(터키) 지역에서 사용되던 히타이트어 등 인도유럽어족의 언어를 표기하는 데에도 사용되었다. 이후 기원전 1세기 중엽 그리스 알렉산드로스 왕의 원정과 더불어 전래된 그리스 문자나 아라메아 문자가 보급되면서 점차 잊힐 때까지, 설형문자는 3,000년이 넘는 기간 동안 사용된다.

우가리트 설형문자

설형문자의 발달 과정 중에서 기원전 15세기경에서 기원전 14세기 중반까지 오늘날의 시리아 라타키아 북쪽 지중해 해안에 위치한 도시왕국 우가리트(Ugarit)에서 발견된 문자는 특기할 만하다. 이 우가리트 설형문자는 아카드의 문자를 받아들여 변형시킨 것인데, 겉모양은 설형문자이지만 다른 설형문자와는 달리 30개의 자모문자로 구성되어 있다. 이 문자는 나중에 살펴볼 원시 시나이 문자나 원시 가나안 문자보다는 후대의 것이어서 최초의 자모문자라고 볼 수는 없다. 하지만 하나의 문자가 단어문자에서 음절문자를 거쳐 자모문자로 발달하는 과정을 보여주는 이른 시기의 문자라는 점에서 아주 큰 가치가 있다.

또한 이들이 남긴 많은 문서는 그 주제나 내용이 그리스도교의 구약성경과 많이 비슷할뿐더러 그들의 언어 역시 히브리어와 아주 가까운 것이어서, 성경의 역사를 이해하고 성경을 해석하는 데에 도움이 된다. 우가리트는 기원전 1200년경 그리스 본토에서 들어온 해상민족에 의해 멸망해 역사 속에서 사라졌다가, 1920년대 우연한 발견을 통해 다시 역사의 중심부에 들어오게 되었다. 이로 인해 이후 가나안 북부 지역의 역사를 새로 써야만 했다.

문자의 특징

설형문자의 원래 모습은 그림문자였으며, 위에서 아래로 쓰던 필기 방향이 이후 왼쪽에서 오른쪽으로 쓰는 것으로 바뀌면서 문자의 모양이 90도 회전했다가, 점토판에 기록되기 시작하면서 쐐기 모양으로 변했다. 문자의 수는 초기에 1,800개 정도 사용되었으나 이후 800여 개로 줄어들었고, 바빌로니아에서는 570개 정도가 되었다가 후기 아시리아에서는 350개 정도로 감소했다. 고대

표 1-1 **설형문자의 발달**

새					곡물				
물고기					과수원				
당나귀					쟁기				
황소					부메랑				
해					발				

수메르 그림문자 - 90도 회전한 모습 - 바빌로니아 설형문자 - 아시리아 설형문자(왼쪽부터)

초기 설형문자 점토판   설형문자 점토판

페르시아 설형문자는 글자의 획도 간략해지고, 문자 수도 42개로 정리된다.

문자의 수가 줄어든다는 것은 이 문자의 성격이 변하고 있음을 보여준다. 즉, 설형문자의 초기 단계에서는 하나의 단어를 하나의 문자로 기록하는 단어문자였으므로, 사용하던 단어의 수만큼 문자의 수가 필요하다. 하지만 음절문자의 경우에는 해당 언어에서 사용하는 음절의 수만큼, 자모문자의 경우에는 그 언어에서 사용

하는 소리의 수만큼만 글자 수가 필요하게 되므로, 그 수가 줄어
드는 방향으로 발전한 것이다.

문자는 권력

지금이야 누구나 쉽게 글을 읽고 쓸 수 있어서, 문자를 알고 사
용하는 것을 특별한 기술이라 생각하기보다는 모두가 알아야 할
기본적이고 당연한 능력이라고 여긴다. 하지만 예전에는 글자를
아는 것이 고급 기술 중 하나였으며, 글을 읽고 쓸 줄 아는 것은
권위와 특권의 상징이었다. 한자로 쓰인 글을 읽을 수 있는 사람만
이 벼슬길에 올랐던 조선 시대를 생각하면 쉽게 이해할 수 있다.

문자가 처음 생겨날 당시에는 왕조차도 읽기, 쓰기 등을 배우
려 하지 않았다. 문자를 배우는 사람들은 신전
의 제관들과 의사, 상인, 서기(書記)들이며, 특
히 서기 계급의 위세가 대단했다. 기록을 맡아
하는 서기들은 설형문자를 읽고 쓰는 법은 물
론, 문맥에 따라 달라지는 기호의 의미를 제대
로 파악하는 기술을 익혀야 했다. 그렇기에 서
기는 때로는 글자를 모르는 신하들이나 심지
어는 왕보다도 더 막강한 권력을 휘두르기도
했다. 당시의 서기 학교 터에서 발견된 점토판
에는 선생이 쓴 글씨와 학생이 쓴 글씨가 나

서기의 모습

란히 적혀 있어 설형문자 쓰는 법을 어떻게 가르쳤는지도 알 수 있다.

문자의 추상화

문자는 기본적으로 상거래 활동을 기록하기 위해 발생했다. 설형문자 역시 처음에는 신전에 바치는 공물이나 농부들이 서로 물물 교환한 물건들의 양이나 수를 세고 기록하기 위한 기호로 사용되었다. 보리, 맥주, 소, 양 등 사물은 그림으로 그리고, 숫자는 짧은 선이나 원의 반복으로 표시했다. 이처럼 사물의 모양을 본떠 눈에 보이는 생김새를 적은 문자를 상형문자(象形文字)라고 한다. 우리가 잘 아는 상형문자에 한자가 있으며, 이른 시기의 설형문자 또한 상형문자에 속한다.

상형문자의 초기 단계에서는 사물을 그대로 모방하지만 점차로 문자의 추상화가 이루어진다. 이를테면 메소포타미아 동쪽과 북쪽에서는 자그로스 산맥이 있어 인간이 쉽게 넘을 수 없었으므로, '산'을 나타내는 글자는 '경계, 동쪽'이라는 의미를 가지게 되고, 이후 '낯선 땅, 외국, 외국에서 온 노동자' 등으로 의미가 확장된다. 마찬가지로 '보리'를 나타내는 글자는 '이삭, 농사일' 등의 뜻으로, '사자'를 나타내는 글자는 '힘, 용맹함, 살육, 공포, 폭군' 등의 의미로 추상화의 단계를 거친다.

표의문자에서 표음문자로

상형문자는 그 문자의 의미를 상대적으로 쉽게 알 수 있다는 점에서 표의문자(表意文字, 뜻글자)다. 표의문자인 상형문자는 세상에 존재하는 각 대상마다 하나의 그림을 필요로 한다. 이론적으로는 인간이 생각할 수 있는 개념의 수만큼 글자가 필요하다. 그러나 수천, 수만 개의 글자를 따로따로 외우는 것은 현실적으로 가능하지 않다. 이 때문에 귀에 들리는 소리를 적는 표음문자(表音文字, 소리글자)가 발생하게 된다. 설형문자 역시 표의문자에서 표음문자로 변하게 된다. 이 과정을 간단하게 설명해보자.

초기의 설형문자에서 '화살'을 나타내는 글자는 화살 그림의 상형문자 '티[ti]'였다. 그런데 나중에 '생명'을 나타내는 단어를 그릴 필요가 생겼지만 생명을 그림으로 표현하는 것은 쉽지 않았다. 이 때 생명을 나타내는 수메르어 역시 그 발음은 [티]였기에, 화살을 나타내는 상형문자를 가져다가 생명을 나타내는 데에도 사용하게 되었다. 즉, [티]라는 소릿값을 가진 상형문자는 처음에는 화살의 모양을 본떠 만든 단어문자였지만, 아카드 시대에

설형문자 티[ti]

이르러서는 그 모양과는 관계없이 [티]라는 음절을 나타내는 음절문자로 바뀐 것이다.

이와 같은 과정을 비유를 들어 설명하면 다음과 같다. '소문'이라는 단어를 문자로 표현하려고 할 때, 이를 직접 그리는 것은 쉽

　　　　　　　　　　　　　　　　　　1장 | 문자의 발생

지 않다. 이때 소 그림과 문 그림을
사용해서 '소문'을 표현하는 것이다.
소문을 구성하는 두 글자 '소'와 '문'
이 가진 원래의 의미는 사라지고 그 발음인 [소]와 [문]만을 빌리
는 것이다.

이처럼, 일단 어떤 문자기호가 특정한 발음을 나타내는 데에 사
용되면 이후에는 그 문자기호가 어느 경우에든 그 발음을 나타내
는 데 사용된다. 즉, 소 그림은 언제나 [소]라는 발음만을, 문 그림
은 언제나 [문]이라는 발음만을 나타내는 것이다. 이처럼 문자가
단순히 대상을 표상하는 표의적 방법에서, 그 대상의 소리를 옮
겨 적는 표음적 방법을 사용하는 것을 '레부스(rebus) 원리'라고
한다.

설형문자로 이루어진 작품들

설형문자로 적힌 기록은 대부분 행정 기록과 상업적 목적의 장
부 기록이지만, 발음, 기호 모양, 의미 등을 순서대로 배열한 단어
목록을 만들기도 했으며, 이는 세계 최초의 사전이라 할 수 있다.

설형문자로 이루어진 작품 중 유명한 것은 〈길가메시 서사시〉
라는 시가로서, 호메로스의 서사시보다 1,500년가량 먼저 이루
어진 작품이다. 처음에는 수메르인들이 채록했고 이후 아카드인
들은 체계적으로 정리한 이 시가는, 우루크의 강력한 왕이자 3분

의 2는 신, 3분의 1은 인간의 몸을 한 길가메시의 무용담이 담겨 있다. 특히 이 작품에는, 먼 옛날에 신들이 대홍수로 인류를 멸망시켰지만 정직한 인물 한 명을 선택하여 거대한 나무 방주를 만들게 함으로써 인류와 여러 종류의 동물들이 살아남았다는 내용이 들어 있다. 이외에도 〈길가메시 서사시〉의 여러 이야기는 그리스도교 성경에 나오는 노아의 홍수 이야기(창세기 6~9장)는 물론, 그리스 신화와도 많은 부분 유사하다는 점에서 매우 흥미로운 작품이며, 모든 이야기의 원형으로 간주된다.

우리에게 '눈에는 눈, 귀에는 귀'라는 구절로 유명한 함무라비 법전 역시 설형문자로 적혀 있다. 기원전 1790년경에 이루어진 함무라비 법전은 바빌로니아 제국의 왕인 함무라비가 제정한 것으

함무라비 법전(왼쪽)과 "다른 사람의 눈을 해치면 그의 눈도 해칠 것이다."로 해독되는 부분(오른쪽)

1장 | 문자의 발생

로, 현무암으로 된 돌기둥에 당시 언어인 아카드어의 법전이 설형문자로 쓰여 있어 당시 사회상을 연구하는 데에 중요한 자료가 된다. 여담이지만, 탈리온 보복법, 즉 '눈에는 눈, 귀에는 귀'라는 이 법전의 정신은 현대인의 관점에서는 아주 잔인하게 보일지 모른다. 하지만 작은 잘못을 저질러도 크게 앙갚음을 받았던 당시의 분위기에서, 눈에는 눈으로만 보복할 것이지 그 이상의 보복은 허용하지 않겠다는 의도를 나타내는 것으로 이해할 수 있다. "나는 내 상처 하나에 사람 하나를, 내 생채기 하나에 아이 하나를 죽였다."라는 그리스도교 성경 창세기 4장을 참고하면 당시 분위기를 짐작할 수 있다.

설형문자의 해독

중세 때부터 유럽인들은 고대 메소포타미아 유물 하나쯤은 집에 가지고 있어야 진정한 부자라고 생각했다. 그만큼 설형문자는 이미 오래전부터 유럽인들에게 알려져 있었다. 하지만 체계적인 고고학 방법론으로 발굴되기 시작한 것은 18세기 이후의 일이어서, 독일인 그로테펜트(G. F. Grotefend, 1775~1853)가 고대 페르시아의 수도였던 페르세폴리스에서 발견된 자료를 바탕으로 설형문자를 거의 해독하는 데 이른 것은 1802년이었다.

이후 설형문자 해독에 결정적인 단서를 제공한 것은 이란의 베히스툰(Behistun. 오늘날의 비시툰) 마을에 있는 거대한 비문이다.

영국군 장교이자 외교 관인 롤린슨(Henry C. Rawlinson, 1810~1895)은 비문이 조각되어 있는 자그로스 산맥 절벽으로 밧줄을 타고 내려가서 매달린 채 한 글자씩 종이에 옮겼다. 10년여의 노력 끝에 온전한 사본이 만들어졌고, 그는 이 비문이 고대 페르시아어, 바빌로니아어, 엘

베히스툰 비문 절벽 전경

람어의 3개 언어로 되어 있으며, 기원전 5세기경 만들어진 페르시아 제국 다리우스 1세의 전승기념비문이었음을 1847년 밝혀냈다 (다리우스 1세는 구약성경 에즈라기에 자주 등장한다). 당시 페르시아에서는 고대 페르시아어, 엘람어, 아라메아어가 공식 언어였지만, 바빌로니아어 같은 메소포타미아 지역의 언어들 역시 문학, 종교, 과학 분야에서 계속 사용되어왔다. 문자의 해독이 어떤 과정을 통해 이루어지는지는 엘람 문자의 마지막 절 '문자 해독의 일례'에서 다시 설명하기로 한다.

'사랑해'를 설형문자로

"당신을 사랑합니다. 사랑해."를 설형문자로 옮기면 다음과 같다.

za.e-ki.aĝ₂-gu₁₀

위 문자는 '당신은 나의 사랑하는 (이)'라고 직역되는데, 발음은 [ze-ki-ongu]다. za.e는 '너, 당신'이라는 뜻이며 ki.aĝ₂는 '사랑하는'이라는 뜻이고 gu₁₀는 '나의'라는 의미다.

하지만 수메르어에서 '사랑'을 의미하는 이 단어는 매우 한정된 문맥에서만 사용되었다고 한다. 이를테면, 주인이나 상위자는 자신보다 낮은 사람을 사랑할 수 있었지만, 아랫사람은 자신보다 높은 사람에게 이 단어를 쓸 수 없었다. 마찬가지로 신은 인간을 사랑할 수 있지만, 인간은 신을 사랑할 수 없었다. 인간은 신을 경외하거나 존경할 수 있을 뿐이다.

이집트 문자
문자의 어머니

- **시기** 기원전 3100년경~기원후 396년
- **지역** 이집트
- **특징** 표의문자-단어문자, 표음문자-자음문자
- **언어** 고대 이집트어

이집트와 나일 강

매년 여름 이집트에서 7월 중순이 지나면, 이른 새벽 동쪽 지평선에 밝은 별 하나가 모습을 나타낸다. 이 별은 큰개자리에서 가장 밝은 '시리우스'인데, 시리우스가 등장한 무렵부터 에티오피아 고원 지대에서 흘러내려온 많은 양의 빗물과 눈 녹은 물이 나일 강 하류로 들어온다. 이후 약 4개월간 나일 강의 수위가 10미터 이상 높아져 양쪽 유역의 마을과 논밭은 완전히 물에 잠기는데,

가을이 되어서야 수위가 서서히 낮아지며 강물은 지중해로 빠져 나간다.

일반적으로 이와 같은 강의 범람은 신의 저주라고 생각되어 두려워하게 마련이지만, 고대 이집트인들은 나일 강의 범람을 신이 내려준 은총이라고 생각했다. 큰물이 흘러넘친 후 남겨진 진흙에는 미생물과 유기물 등이 많이 포함되어 있어, 따로 거름을 주지 않아도 곡식이 잘 여물 만큼 땅이 비옥해지기 때문이었다. 연평균 강수량이 0에 가까울 정도로 대부분 사막지대인 이집트 외부와는 달리, 나일 강의 삼각주 지역이 곡창지대가 된 까닭이 바로 이 범람에 기인한 것이다.

나일 강의 범람은 매년 정기적이어서 고대 이집트인들은 시리우스가 보이는 때를 기준으로 한 해를 정했고, 그 시기를 예측해 농사지을 때를 조절할 수 있게 되었다. 나일 강이 주는 이런 생산력을 바탕으로 고대 이집트의 지배자들은 왕권과 신권을 강화했으며, 고대 이집트 문명을 발달시켰다. 별을 관측하고 강의 범람 주기를 예측할 필요성에 의해 천문학과 역학이, 범람 후의 토지 변화에 대응하기 위해 측량술과 건축학, 수학 등이 발달하게 되었다. 따라서 이집트인들에게 나일 강은 모든 것의 근원이었고 풍요와 재탄생을 낳는 숭배의 대상이었다. 이집트 문명을 이야기할 때에 나일 강을 빼놓을 수 없으며, 기원전 5세기경의 역사가인 헤로도토스가 이집트를 나일 강의 선물이라고 말한 까닭이 바로 여기에 있다.

로제타석의 발견

　나일 강이 지중해로 흘러 들어가는 하류에 있는 이집트의 라시
드(Rasheed)는 인류 문명의 역사를 새롭게 써야 할 만한 놀라운 발
견이 이루어진 곳이다. 라시드의 옛 이름이 바로 '로제타'다. 로제
타에서 남서쪽으로 60킬로미터 정도 떨어진 곳에 위치한 알렉산

로제타석. 여기에 적힌 문자를 해독하여 이집트 문명을 해석할 수 있게 되었다.

드리아는 알렉산드로스 왕의 이름을 따서 지명이 붙은 곳으로서, 당시 세계 최대의 도서관이 있었던 곳이다. 로제타와 알렉산드리아, 이 두 지역은 모두 세계 문명의 역사에 있어서 중요한 성지가 된다.

1799년 7월 나폴레옹의 이집트 원정군 장교가 요새를 건설하기 위해 로제타에 위치한 오래된 석조 건물을 헐던 중, 길이 114센티미터, 폭 72센티미터, 두께 28센티미터, 무게 760킬로그램의 현무암 비석을 발견한다. 이것이 바로 나중에 로제타석(Rosetta Stone)으로 알려지는 비문이다. 로제타석을 발견하고 여기에 적힌 문자를 해독함으로써 다른 많은 이집트 자료들을 다시 이해할 수 있게 되었고, 세계 4대 문명 중의 하나인 고대 이집트 5,000년의 신비가 풀리게 되었다. 유럽이 아직 원시적 수렵 생활에서 벗어나지 못하고 있을 때 통일된 왕국을 이루어 찬란한 문명을 꽃피웠지만 인류의 기억에서 잠시 사라져버렸던 이집트 문명이, 마침내 이 돌덩어리 하나를 통해 다시 그 모습을 드러낸 것이다.

나폴레옹과 이집트

당시 영국과 전쟁 중이었던 프랑스는, 지중해와 홍해를 잇는 무역로를 장악하고 영국 본토에서 영국의 중요한 식민지였던 인도로 가는 길을 끊기 위해 나폴레옹 군대를 이집트로 파견한다. 이집트는 300여 년간 이슬람 오스만 제국의 통치 아래 있었지만, 오스만 제국의 지배력은 점차 쇠퇴하던 시기였다. 1798년부터 약 3년간 이집트를 점령해 지배했던 프랑스는 3년 만인 1801년 결국 영국, 오스트리아, 오스만 연합군에게 항복하게 된다.

나폴레옹의 이집트 원정은 결국 실패로 끝났지만 이 원정이 이집트 연구에 끼친 영향은 매우 컸다. 나폴레옹은 이집트를 향해 떠나면서 이집트를 체계적으로 연구하기 위해 170여 명의 과학자, 건축기술자, 고고학자, 언어학자, 지리학자, 수학자, 화가, 시인, 음악가 등으로 구성된 학술조사단을 대동했다. 마치 소규모의 대학이 이집트로 옮겨 갔다고 해도 과언이 아닐 정도였다고 한다.

패전 후 프랑스로 돌아온 나폴레옹은 이집트 탐사 성과를 국가적인 사업으로 집대성했으며, 1809년부터 20여 년에 걸쳐 총 24권에 이르는 《이집트지(Description de l'Egypte)》를 출간하도록 했다. 이 책은 이집트에 관한 백과사전으로서, 이집트의 유적과 유물뿐만 아니라 지질, 동식물, 주민들의 풍습, 종교에 이르기까지 이집트에 관한 방대한 분량의 지식이 담겨 있다. 이를 통해 프랑스가 이집트학 분야에서 놀라운 성과를 이루게 되었으며, 아울러 유럽의 오리엔탈리즘이 형성되는 하나의 계기가 되었다.

이후 영국에 항복하는 문서에 조인한 프랑스는 그동안 수집한 많은 이집트 유물들을 영국에 넘겨주게 되었다. 로제타석 또한 이때 다른 유물들과 함께 영국 소유가 되어, 1802년부터 영국박물관(British Museum)에 보관, 전시되고 있다. 현재 영국박물관에서 가장 인기 있는 전시물이 바로 로제타석이라고 한다.

로제타석의 해독

로제타석에는 고대 이집트어가 두 개의 이집트 문자로, 그리고 고대 그리스어가 그리스 문자로 새겨 있다. 즉, 모두 두 종류의 언어가 세 종류의 문자로 기록되어 있다. 로제타석의 내용 일부가 그리스어로 적혀 있는 까닭은, 당시 이집트는 알렉산드로스 왕 이후 그리스 문화권에 속해 있었기 때문이다(클레오파트라 역시 그리스계 마케도니아인의 후손이다).

이처럼 하나의 비문에 여러 언어(및 여러 문자)가 사용된 것은 다양한 부류의 사람들에게 동일한 내용을 전하기 위해서다. 설형문자 해독에 중대한 단서를 제공한 베히스툰 비문도 고대 페르시아어, 바빌로니아어, 엘람어의 3개 언어로 되어 있고, 예수가 사형당할 때 십자가에 달린 명패에도 같은 내용이 히브리어, 라틴어, 그리스어로 적혔으며, 중국 명대의 탐험가 정화(鄭和)가 인도와 타이를 원정한 후 돌아오는 길에 세운 비석에도 중국어, 타밀어, 페르시아어가, 병자호란 때 청나라 황제가 남기고 간 삼전도(三田渡) 비문에도 중국어, 만주어, 몽골어의 세 언어가 기록되어 있음을 참고할 수 있겠다.

로제타석이 발견된 그 이듬해에 로제타석의 탁본이 유럽의 모든 학자에게 배포된다. 많은 학자가 그리스어로 기록된 내용을 바탕으로 이집트 문자로 기록된 부분을 해석하려고 애썼지만, 이 비문에 쓰여 있는 고대 이집트어가 4세기 후반경에 급격히 사라진 언어였기 때문에 해독은 쉽지 않았다.
해독 작업에 처음 기초를 놓은 이는 언
어학자이면서 외과의사이자 물리학
자인 영국의 토머스 영(Thomas Young,

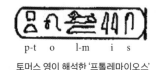

p-t   o   l-m   i   s
토머스 영이 해석한 '프톨레마이오스'

1773~1829)이다. 1814년 그는 타원형의 테두리로 둘러싸인 이집트
문자들을 '프톨레마이오스'라는 이름으로 해독했으며, 또한 새나
동물이 바라보는 그림의 방향이 이집트 문자를 읽는 방향이라는
사실을 알아냈다. 하지만 이때까지 당시 대부분의 학자들은 이 문
자가 '의미'만을 나타내는 표의문자라고 생각했었다.

이후 1822년 프랑스의 샹폴리옹(J. F. Champollion, 1790~1832)은
이 문자들이 '소리'를 나타내는 표음문자라는 가설을 세워 그리스
어 단어에 해당하는 문자를 비교함으로써, 개별 문자들의 소릿값
을 찾아낼 수 있었다. 그러므로, 이집트학은 바로 이 문자를 전면
적으로 해독해낸 샹폴리옹에서 시작되었다고 말할 수 있다. 그의
연구를 통해 그동안 해독하지 못해 방치했던 수많은 유적과 유물
들에 적힌 문자를 읽을 수 있게 되었고, 그 가치를 새롭게 밝혀낼
수 있었다.

로제타석은 고대 이집트 프톨레마이오스 5세(재위 기원전 204~
181)의 즉위를 기념하여 기원전 196년에 만들어진 비문으로, 북
부 이집트의 중심 도시였던 사이스의 한 궁전 광장에 세워졌던 것
이다. 이 비문의 내용은 대부분 프톨레마이오스 왕이 사제들과 신
전에 베푼 여러 가지 혜택에 감사하고 찬양한다는 것이다. 오른쪽

그림은 로제타석이 처음 세워졌을 당시의 원래 모습을 상상하여 그려본 것이다. 현재 남아 있는 부분은 어두운 색으로 표시되어 있다.

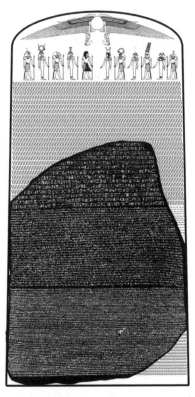

로제타석 복원 그림

성각문자 읽기

로제타석에 기록된 두 개의 이집트 문자 중 맨 위에 기록된 문자는 성각문자(聖刻文字)라고 불린다. 성각문자는 히에로글리프(hieroglyph)를 번역한 용어인데, '성스럽다'는 뜻의 그리스어 히에로와 '새기다'라는 뜻의 그리스어 글리포가 결합되어 만들어진 말이다. 우리나라에서는 신성문자(神聖文字)라고 번역되기도 하며, 때로는 이집트 상형문자라고 부르기도 한다.

성각문자는 기원전 3100년경부터 기록이 남아 있는데 문자 자체가 상당히 발전된 모습이다. 따라서 실제 만들어진 시기는 훨씬 더 이전으로 추정되지만, 형성 과정을 보여주는 자료는 남아 있지

로제타석의 이집트 문자 부분

않다. 성각문자로 된 기록 중 가장 오래된 것은 설형문자와 거의 비슷한 시기의 것이다. 그런 까닭에 성각문자가 설형문자에 기원을 둔 것인지, 아니면 독자적으로 발달한 것인지 등 두 문자의 관련성에 관해서 여러 이론이 있지만, 아직 확실하게 밝혀진 것은 없다.

성각문자는 기본적으로 사물의 형태를 본떠 만든 그림문자에서 발달한 것이므로 소리가 아니라 뜻을 바로 알아볼 수 있는 표의문자이며, 문자 하나가 하나의 이집트 단어에 대응하는 단어문자다. 다음을 보면, 각각의 문자가 가진 의미를 어느 정도 유추할수 있다.

1장 | 문자의 발생

이후 하나의 문자가 고정된 소릿값을 가지게 되어 표음문자의 기능을 아울러 가지게 되었다. 예를 들어, 올빼미 그림은 '올빼미'라는 뜻을 나타내는 표의문자이며 단어문자이지만, 이 그림은 [m]라는 소리로 읽히는 표음문자의 기능을 아울러 갖는다. 성각문자는 하나의 문자가 하나의 소리를 나타내는 경우도 있지만, 두 개 또는 세 개의 소리를 나타내기도 한다. 이는 후에 고정화되어 24개의 자모문자처럼 기능하게 되었다. 〈표 1-2〉는 이집트 문자의 소릿값을 표시한 것이다.

성각문자는 기본적으로는 오른쪽에서 왼쪽으로 읽으며, 이는 지금까지도 북아프리카와 여러 중동 지역 문자들의 기본 읽기 방향이다. 한편, 읽기의 편의성을 꾀할 때나 왕실에 대한 존경을 표시할 때, 또는 대칭을 이루어 시각적 효과를 이루고 싶을 때에는 왼쪽에서 오른쪽으로 읽기도 했다. 이 같은 읽기 방향은 문자에 포함된 인물이나 동물을 본뜬 문자가 어느 쪽으로 얼굴을 향하고

표 1-2 **이집트 문자의 소릿값**

A		B		C		D / E		F	
G		H		I		J		K	
L		M		N		O		P	
Q		R		S		T		U	
V		W		X		Y		Z	

있는지에 따라 달라진다. 예를 들어 새의 부리가 오른쪽을 바라보면, 오른쪽에서 왼쪽으로 읽는다.

이외에도 다양한 읽기 방향이 시도되었다. 즉, 위에서 아래로 읽기도 하고 아래에서 위로 읽는 경우도 있으며, 심지어는 좌우로 1행씩 교대하는 좌우교차서법이 이용되기도 한다. 좌우교차서법이란 마치 소가 밭을 갈 때 좌우로 방향을 바꾸는 것처럼 지그재그로 읽어나가는 것이다.

〈표 1-2〉를 이용하여 다음 사진의 문자들을 읽어보자.

이 사진처럼 타원형의 테두리를 친 부분은 그 안에 있는 문자가 왕의 이름이라는 것을 표시한다. 우선, 새와 사자가 오른쪽을 바라보고 있으므로 이 문자들의 읽기 방향은 오른쪽에서 왼쪽으로 읽어야 한다. 이에 따라 우리가 글을 읽는 방식으로 다시 배열하면 다음과 같이 된다.

이 문자의 연쇄를 위에 제시한 〈표 1-2〉의 소릿값에 맞추어 읽으면, ALKSINDRS가 되며, 이는 바로 알렉산드로스 왕을 가리키는 단어다. 이집트 문자는 모음을 따로 표시하지 않는 일종의 자음문자다. 그렇다고 해서 자음문자를 실제 읽을 때 자음만을 발음했던 것은 아니며, 당시에 사용되던 모음을 넣어서 음절 단위로 발음했다. 이를테면, 최근 문자 메시지 등에 'ㅅㄹㅎ'와 같이 자음만 쓰여 있더라도, 이를 [스르흐] 또는 [시옷리을히읗]이라고 읽는 것이 아니라 [사랑해]라고 읽는 것과 같은 방식이다. 그런 의미에서, 자음문자라는 용어는 '자음만 표기되지만 실제로는 음절 단위로 발음되는 문자'라고 이해할 수 있다.

이와 같은 자음문자는 이집트 문자뿐만 아니라 현대 서아시아 문자들의 표기에서도 흔히 보이는 것으로서, 이들 언어에서 모음을 따로 표시하지 않아도 왜 불편하지 않은지에 관해서는 나중에 다시 설명하기로 한다(4장 시리아 문자 참고).

서기의 등장

성각문자의 수는 처음에는 700개 정도였지만, 점차로 늘어나서 5,000여 개까지 되었다. 일반적으로 널리 사용된 것은 500여 개이기는 했지만, 그럼에도 정확한 기록을 위해 많은 수의 기호를 암기하는 일은 물론, 파피루스에 정교하게 글자를 쓰는 일은 매우 어려운 일이었다. 그렇기에 성각문자를 능숙하게 읽고 쓰기 위해서는 많은 시간과 노력이 필요했다. 실제로 당시에는 왕을 비롯해 대다수의 사람이 문맹이었고, 전체 인구의 1퍼센트만이 글을 읽을 수 있었다고 한다.

따라서 이집트에서도 메소포타미아에서와 마찬가지로 권력을 가진 서기 계급이 등장하게 되었다. 특히 이집트의 서기들은 메소포타미아의 서기보다 더 귀한 대접을 받았으며 더욱 강력한 계층을 형성했다고 한다. 약 4,000년 전 이집트의 관리가 아들을 서기 학교에 보내기 위해 격려하는 말을 보면 당시의 부모들이 제일 선망하는 직업이 서기였음을 알 수 있다. "오로지 쓰기에 전념하도록 해라. …… 이만큼 좋은 직분도 없단다. …… 나는 네가 엄마보다 책을 더 좋아하는 사람이 되었으면 좋겠다. 또한 책이 얼마나 좋은 것인지 깨달았으면 좋겠다."

필기도구

당시 서기들이 문서를 기록하는 용도로 사용했던 필기도구는 파피루스였다. 파피루스는 나일 강 하류 삼각주 지역에서 많이 자라는 갈대의 한 종류로서, 이집트인들은 파피루스로 밧줄, 돗자리, 신발, 돛 등 일상용품을 만들기도 했으며, 내부의 섬유질은 식용으로도 이용했다고 한다. 파피루스 줄기 속의 부드러운 부분을 얇은 조각으로 잘라서 가로와 세로로 겹쳐 붙여 두루마리 형태로 만들면 그 위에 글자를 쓸 수 있었다. 종이를 의미하는 영어 paper

의 어원이 바로 파피루스(papyrus)다.

　파피루스는 내구성이 약했지만, 얇고 부드러워서 이동 및 저장이 용이한 데다 재료를 구하기 쉬워 널리 사용되었다. 당시 지중해 지역에서도 이집트에서 수입한 파피루스를 사용했지만, 값이 비쌌기 때문에 위에 적힌 글자를 지우고 재활용하기도 했다고 한다. 유럽에서도 한때 파피루스를 수입해 사용하다가, 이집트가 이슬람 문화권이 된 이후 수입이 어려워지자 이후에는 양피지를 주로 사용하게 된다.

성각문자의 흘림체

　성각문자에서 두 개의 흘림체 문자가 발달했는데, 이를 각각 사제문자, 민중문자라고 한다. 고대 이집트에서 사용된 이 세 개의 문자는 기능, 형태, 용도 면에서 보아 하나의 문자 체계다. 사제문자(hieratic)는 주로 종교와 법률, 행정적인 용도로 사용되다가 상업, 편지, 계산 등 실용적인 목적으로 이용되었으며, 민중문자(demotic)는 처음에는 행정, 법률, 상업을 위해 쓰이다가 프톨레마이오스 시대 이후 종교 및 문학적 용도로 널리 사용되었다. 특히 민중문자는 이집트가 로마의 지배를 받던 기원후 394년까지 사용되다가 이후 콥트 문자에 자리를 내주었다.

　현대 이집트 지역에서 사용된 문자의 역사를 요약하면 다음과 같다. 고대 이집트에서 성각문자를 사용하기 시작해, 이 문자의 흘

사제문자와 그에 해당하는 성각문자

민중문자의 예

림체인 사제문자, 민중문자로 발전시켜 사용하다가, 나중에 그리스의 지배를 받으면서 그리스 문자에 자리를 물려주었다. 로마 시대에는 콥트 문자가 사용되었지만 8세기 이후에 이슬람 문화권에 속하게 되면서 현재는 아랍 문자가 사용되고 있다.

이집트 문자로 이루어진 작품

이집트 성각문자로 쓰인 것 중에 잘 알려진 작품은 죽은 사람의 책이라는 뜻을 가진 〈사자의 서〉다. 고대 이집트 시대에 죽은이의 미라와 함께 매장한 파피루스 두루마리 또는 묘지 벽면에 새긴 글이다. 고대 이집트인들은 죽음이 끝이 아니라 현세의 삶과 이어지는 것이며 부활하여 영원한 삶을 사는 준비 단계라고 믿었기

〈사자의 서〉. 이집트 성각문자로 쓰인 것 중 가장 잘 알려진 작품이다.

에, 죽음 이후 환생하기까지 거쳐야 할 여러 가지 과정이 글과 그림으로 표현되어 있다.

이집트 문자의 가치

이집트 문자가 문자의 역사에서 특히 중요한 의미를 가지는 까닭은 이집트 문자가 현재 사용되고 있는 대부분 문자의 모태가 되었기 때문이다. 즉, 이집트 문자는 원시 시나이 문자를 거쳐 원시 가나안 문자로 발달하고 다시 페니키아 문자가 된다. 이 페니키아 문자가 그리스 문자로 차용되어 유럽을 중심으로 한 서방 세계에 전파되고, 아람 문자로 발달하여 인도와 동남아시아 등지에서 사용되는 문자의 원조가 된다. 그런 의미에서 이집트 문자는 모든 문자의 어머니라고 할 수 있다.

표 1-3 이집트 문자에서 라틴 문자까지의 변화

Egyption	Proto-Sinaitic	Phoenician	Early Greek	Greek	Latin
𓃾	𓃾	𐤀	Λ	A	A
𓉐	□	𐤁	◁	B	B
)	⌐	↑	1	Γ	G
𓀠	𐤄	⊐	∃	E	E
⌔	₩	Υ	⅄	K	K
〰	〰	𓏲	𓏲	Μ	M
⌐	⌐	𓏲	𓏲	N	N
👁	👁	⊙	⊙	O	O
𓁶	𓁶	𓏲	𓏲	P	R
✝	＋	X	T	T	T
⌥	ω	W	𐤔	Ɛ	S

'사랑해'를 이집트 문자로

"당신을 사랑합니다. 사랑해."를 이집트 문자로 옮기면 다음과
같다.

mr.j tn
이집트 문자로 '사랑해'

mr은 '사랑하다'라는 뜻이며, 　j는 1인칭 '나는, 내가'를 가리키며, 　tn은 2인칭 '너를'을 뜻한다. 특히 　은 여성에게 사용되는 대명사로서, 위 문장은 남성이 여성에게 사랑한다는 뜻을 나타내는 글이다.

　　한편, 남성에게는 　ṯw가 사용되므로 여성이 남성에게 사랑을 표현할 때에는 다음과 같은 문장이 된다.

mr.j ṯw

엘람 문자

또 하나의 고대 문명을 기록한 문자

- **시기** 기원전 3300년경~기원전 500년경
- **지역** 메소포타미아 동부(오늘날 이란 남서부)
- **특징** 원시 엘람 문자: 표의문자-단어문자, 엘람 선문자: 표음문자-음절문자
  엘람 설형문자: 표음문자-음절문자
- **언어** 엘람어

원시 엘람 문자

현재까지 알려진 최초의 문자는 기원전 3100년경 수메르인들이 사용한 설형문자다. 하지만 이 설형문자와 거의 비슷한 시기에 메소포타미아 동쪽에서 사용되던 문자가 있었는데, 이것이 바로 원시 엘람 문자(Proto-Elamite script)라는 이름으로 불리는 것이다. 이 문자는 초기 단계의 설형문자에서 이른 시기에 차용된 것일 수도 있지만, 어쩌면 설형문자와 공통된 기원을 가졌을 수도 있다.

엘람인들은 산악민족으로, 수메르를 침공하기도 하고 공격을 받기도 하며 문화적으로 서로 영향을 주고받았기에, 문자에 있어서도 상호 영향을 끼쳤을 것이다.

다양한 원시 엘람 문자 점토판 사본

원시 엘람 문자의 대부분은 엘람 왕국의 수도였던 수사(Susa. 오늘날 이란의 슈시)에서 발견된 점토판에 기록되어 전해진다. 점토판은 가로와 세로의 비율이 3:2인 직사각형이며, 양면에 모두 문자가 쓰여 있다. 이 점토판들은 비슷한 시기에 제작된 메소포타미아의 점토판과 모양과 크기 및 제작 방식이 비슷하다. 다만, 이 점토판에 기록된 원시 엘람 문자는 대부분 경제활동과 관련된 것으로서 곡식이나 가축을 거래하거나 노동인력들의 이동 등을 기록한 회계 장부인 데 반해, 메소포타미아 지역의 점토판은 문학 텍스트나 문자 수업과 같은 내용을 기록하고 있어 차이가 난다.

원시 엘람 문자는 1,500개 이상의 단어문자로 구성된 것으로 추정된다. 예를 들어, 다음 쪽에 제시한 원시 엘람 문자 점토판에서 왼쪽 위에 있는 표식을 보자. 이 그림을 오른쪽에서 왼쪽으로 읽으면 '스물네 마리의 양'이라는 뜻이다. 이를 통해 당시에도 십진법이 사용된 것을 알 수 있다. 현재까지 발견된 원시 엘람 문자로 기록된 점토판의 수는 1,600개 정도이지만, 소유자, 소유물, 소유물의 수효와 같이 다소 단순한 내용만이 기록되어 있어서 아직 해독이 잘 진행되지 않은 상태다.

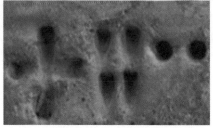

원시 엘람 문자 점토판(위), 위 점토판 왼쪽 상단 부분의 '스물네 마리의 양'이라는 뜻의 엘람 문자(아래)

엘람 제국

엘람 문명은 현대 이란의 남서부를 중심으로 발달했으며, 기록이 남아 있는 가장 오랜 문명 중 하나다. 엘람 제국은 기원전 2700년경부터 기원전 539년까지 존재했으며, 페르시아의 아케메네스 왕조에 의해 멸망당하기 전까지는 가장 영향력 있는 나라였다.

서양의 고전 문헌에서 엘람은 종종 수시아나(Susiana)라고 언급되는데, 이는 엘람의 수도인 수사에서 유래한 이름이다. 오늘날 이란의 행정구역 가운데 하나인 '일람'은 엘람과 관련 있는 이름이며, 이란에서는 엘람을 이란 역사의 출발점으로 파악한다. 엘람 이전은 원시 엘람 시대로 불리는데, 원시 엘람 문자가 바로 기원전 3200년경부터 기원전 2900년까지 존재했던 원시 엘람 시대에 사용된 문자다.

참고로, 엘람의 역사는 그리스도교의 성경에서도 찾아볼 수 있다. 성경에서 엘람이라는 이름은 노아의 아들 중 셈의 맏아들로 처음 등장한다(창세기 10장 22절, 역대기 1장 17절). 엘람인들은 그들이 살던 지역에 따라 '수사 사람'이라고도 불렸으며(에즈라 4장 9절, 다니엘 8장 2절 등), 활을 잘 다루는 것으로 유명했다(이사야 22장 6절, 예레미야 49장 35절). 엘람 지역은 이스라엘 민족이 바빌로니아

엘람 제국

에게 멸망당한 후 유배를 간 페르시아에 속한 곳이었기에(이사야 11장 11절), 성경에서는 엘람인들을 부정적으로 묘사한다(예레미아 25장 25절, 49장 34~39절, 에제키엘 32장 24~25절 등). 신약 시대에는 페르시아에 있던 유대인 디아스포라 공동체에서 예루살렘을 방문한 사람들을 엘람인이라고 불렀다(사도행전 2장 9절).

엘람 선문자

기원전 2200년경부터 약 200년간 엘람에서 사용된 문자를 엘람 선문자(Linear Elamite script)라고 한다. 비록 800년의 격차는 있지만 같은 지역에서 사용된 문자이므로, 엘람 선문자는 원시 엘람 문자에서 발전한 것으로 추정된다. 엘람 선문자보다 앞선 원시 엘

엘람어와 아카드어 문장이 새겨지고 사자의 머리가 장식된 판

1장 | 문자의 발생

엘람 선문자(필자 사진, 루브르박물관)

람 문자에 '원시'라는 말을 덧붙인 것이 이러한 입장을 반영한 것이며, 엘람 선문자를 '후기' 원시 엘람 문자라고 부르기도 한다. 하지만 이 두 문자의 상호 관계는 아직 확실히 증명되지는 않았다. 원시 엘람 문자에서 엘람 선문자가 발달한 것이 아니라 두 문자의 사이에 아무런 관계가 없다고 믿는 학자들은 원시 엘람 문자를 다른 이름으로 불러야 한다고 주장하기도 한다.

엘람 선문자로 기록된 유물은 22개에 불과하므로 자료가 절대적으로 부족하다. 다만 엘람 선문자의 경우, 아카드 설형문자와 동일한 내용으로 기록된 비문이 발견되어 고대 엘람어에 관해 원시 엘람 문자보다 더 많은 정보를 제공한다. 이 비문은 엘람 왕국 아완 왕조의 마지막 왕 푸주르-인슈시나크에게 봉헌한 비문으로, 그

는 아카드어 설형문자 대신에 간결한 엘람 선문자를 사용하도록
장려했다고 한다.

엘람 설형문자

엘람에서 가장 오랜 기간 사용된 문자는 아카드 설형문자를 차
용해 변형한 엘람 설형문자(Elamite cuneiform)다. 당시 우세를 떨치
던 메소포타미아의 언어와 문자가 들어오는 과정에서 문자가 차
용된다. 엘람 설형문자는 기원전 2500년에서 기원전 331년까지
사용되었으며, 145개의 기호(113개는 음절문자, 25개는 단어문자, 7개는
의미표시자)로 이루어져 있다.

엘람 설형문자는 페르시아의 다리우스 1세가 만든 베히스툰 비
문에 보인다. 페르시아는 원래 엘람인의 세력 아래 있었기에, 페르
시아가 메소포타미아 지역을 통일한 후에도 엘람어는 중요한 공

엘람 설형문자 사본

베히스툰 비문 중 엘람 설형문자로 기록된 부분

용어 중 하나였다. 이 때문에 엘람 설형문자가 베히스툰 비문에 등장하는 것이다.

엘람어

엘람 문명의 여러 문자들이 기록하고 있는 엘람어는 현재 아무런 후손을 남기지 않고 소멸했다. 게다가 엘람어는 고립어로서, 인도유럽어족 이란어파에 속하는 어떤 언어와는 물론, 인접한 지역의 셈어족 언어들과도 전혀 관련이 없다. 다만, 원시 엘람어가 인도 드라비다어족의 언어와 관련이 있다고 생각하는 언어학자들은 엘람-드라비다어족 가설을 주장하기도 한다. 이러한 주장에는 이란과 인도가 아주 가까운 거리에 있으며, 원시 엘람 문자에 사용된 기호들 중 인더스 문자와 비슷한 형태가 많이 발견된다는 사실 등이 근거가 된다.

표 1-4 원시 엘람 문자와 인더스 문자

원시 엘람 문자	舟 舵 ◮ ◇ ⋈ ⫶ ⫸ ⫼ ⪢ ⪼ ⊤ ⊢ ⪥ ⊕ ⊘ ⪤ ↯ ⋇ ⌗
인더스 문자	⋔ ⊞ ◮ ◇ ⋈ ⫶ ⫸ ⫼ ⪢ ⪼ ⊤ ⊢ ⪥ ⊕ ⊘ ⪤ ↯ ⋇ ⊞
원시 엘람 문자	⊙ ⊠ ⊞ ⋔ ⊱ ⊟ ⋌ ⋋ ⫚ ⊹ ⋔ ⊼ ⊚ ⊡ ⋈ ⋎ ⊱
인더스 문자	⊙ ⋏ ⊞ β ⊱ ⊟ ⊤ ⋎ ⊞ ⋔ ⊬ ⊚ ⋔⋔⋔ ⋎ ⋋

어쨌든 우리가 이 언어에 관해 알 수 있는 것은 현재 남아 있는 문자 자료에 관한 것뿐이다. 언어는 사라지고 문자만 남아 있는 상황에서, 제한된 수의 문자를 가지고 문자의 소릿값이나 의미를 찾아내는 일은 쉽지 않기에 원시 엘람 문자 및 엘람 선문자가 완벽하게 해독되지 않는 것이다.

옥스퍼드 대학에서는 원시 엘람 문자의 점토판을 모두 컬러 이미지로 만들어 인터넷*에 공개했다. 자료를 개방함으로써 전 세계의 전문가는 물론, 일반인들이 참여하는 하나의 프로젝트를 구상한 것이다. 이 프로젝트가 성공하면 또 하나의 숨겨진 문명이 우리에게 말을 걸 것이다.

문자 해독의 일례

앞서 우리는 설형문자 및 성각문자의 해독을 통해 사라진 역사

---

* http://cdli.ox.ac.uk/wiki/doku.php?id=proto-elamite

를 다시 살려냈음을 본 적이 있다. 그렇다면 고대 문자는 어떻게 해독되는 것일까? 엘람 선문자 비문을 통해 고대 문자의 해독 과정을 아주 간단하게 살펴보자.

(1) 문자 사본 만들기

문자를 해독하기 위해 제일 먼저 해야 할 일은 문자의 전체 목록을 작성하는 일이다. 그러기 위해서는 우선 문자 하나하나를 일일이 손으로 베끼는 작업이 필요하다. 설형문자를 해독한 롤린슨이 까마득한 높이의 가파른 절벽에 수년간 매달려 1,100행 이상이 되는 내용을 한 글자씩 베낀 것을 생각하면, 이러한 기초 작업이 제일 힘들고 중요하다고 할 수 있다. 다음 그림은 51쪽의 엘람 선문자 사진에 나타난 선문자들을 일일이 하나씩 그려 노트에 옮긴 것이다.

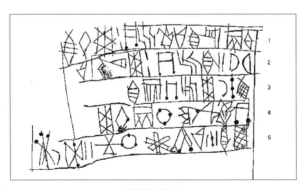

엘람 선문자 사본

(2) 문자 목록 및 빈도 작성

엘람 문자들은 오른쪽에서 왼쪽으로 읽혔으므로, 위의 사본을 현대의 읽는 방식으로 재배열하면 아래 그림이 된다.

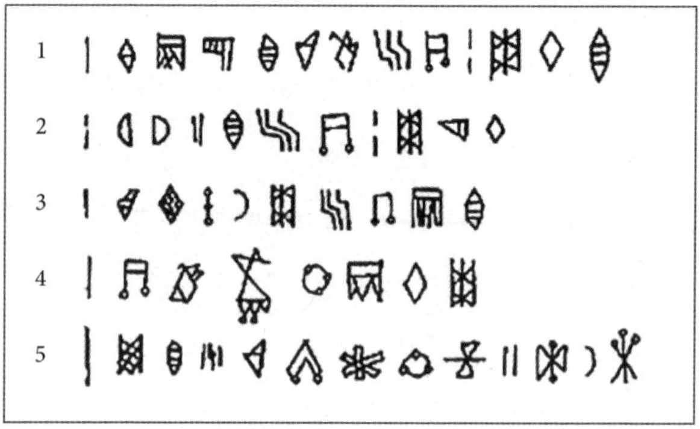

현대 읽는 방식으로 재배열한 엘람 문자

이 같은 베껴 쓰는 작업이 끝나면, 문자의 목록과 그 빈도를 작성한다. 이를테면 ❺는 이 자료에서 1행에 두 번, 2, 3, 5행에 각 한 번씩 모두 다섯 번 등장한다. 참고로, 卌가 모두 몇 번 나오는지 세어보자. 이렇게 만들어진 문자의 빈도를 중심으로 어떤 기호가 특정한 단어를 나타낸 것인지, 아니면 특정한 소리를 나타내는 것인지를 판단해가는 것이다.

한 언어에 필요한 단어의 수는 적어도 수백 개가 넘으므로, 어떤 단어가 단어문자라면 문자의 수 역시 수백 개 이상 나타날 것이다. 반면 음절문자라면 그 수는 대폭 줄어들어 100개 전후에 이를 것이며, 자모문자라면 20~30개 남짓한 기호가 필요하다. 그러므로 해당 문자 자료에 등장하는 모든 문자기호의 개수를 파악하는 일은 중요하다. 그런 의미에서, 연구하기에 충분한 양의 자료를 확보하는 일 또한 문자 해독의 전제가 된다. 현존하는 자료가 불충분하다면 문자기호의 수효를 세는 것만으로 문자의 종류를 판단하는 일은 쉽지 않기 때문이다.

(3) 동일한 문자 연쇄 찾기

다음에는 동일한 문자 연쇄를 찾아야 하는데, 이때에는 고유명사의 이름이 큰 기여를 한다. 즉, 해독 초기에는 반복되는 문자들의 연쇄를 당시 알려진 왕의 이름이나 지명으로 가정하고 문자 하나하나의 소리를 배당하는 식으로 해독의 단초를 찾는 것이다. 설형문자 해독에서도 당시 다리우스 1세의 이름을 찾아낸 것이 큰 도움이 되었고, 이집트 문자 해독에 있어서 제일 먼저 했던 일도 반복되어 나오는 동일한 문자 연쇄가 당시의 지배자였던 프톨레마이오스 왕의 이름을 나타낸다고 가정한 것이었다.

로제타석에는 프톨레마이오스 외에도 알렉산드로스, 알렉산드리아 등의 고유명사가 등장한다. 이처럼 고유명사를 많이 찾아낼수록 해독 과정이 단축될 수 있다. 위에 제시한 엘람 선문자에서 첫 줄의 일부를 따로 보면 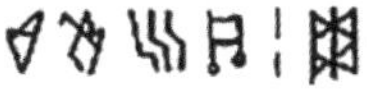이다. 현재까지 해독된 바에 따르면, 이 문자의 연쇄는 인슈시나크 왕의 이름을 가리킨다.

(4) 문자와 언어 대응하기

아울러 문자들을 이미 알려진 다른 언어에 맞추는 작업이 필요하다. 그런 의미에서 문자를 해독하는 연구자는 가능한 한 많은 언어를 알아야 한다. 설형문자를 해독한 롤린슨은 인도에 머물면서 힌디어, 아랍어, 현대 이란어를 배웠다고 한다. 샹폴리옹 역시 그리스어와 라틴어, 히브리어, 암하라어, 산스크리트어, 콥트어 및 페르시아어, 아베스타어, 아랍어 등 여러 언어에 능통했으며, 중국어에 관한 지식까지 가지고 있었다고 알려져 있다. 다음에 살펴볼, 크레타의 선문자B를 해독한 벤트리스도 여섯 개의 유럽 언어를 구사할 수 있었으며 그리스어, 라틴어에 능숙했다.

만약 해독이 필요한 문자가 전혀 후손을 남기지 않고 사라진 언어를 기록한 것이라면 해독은 거의 불가능하다고 할 수 있다. 현재까지 해독되지 못한 많은 문자들이 바로 이러한 상황에 놓여 있다.

(5) 문자 해독의 가치

문자 해독은 매우 시간이 오래 걸리는 작업이다. 따라서 해독자에게는 다양한 언어 능력 외에도, 쉽게 포기하지 않는 끈질긴 인내력이 제일 중요한 덕목이라 하겠다. 문자 해독은 이처럼 지난한 일이지만, 그 열매는 매우 달다. 설형문자와 이집트 문자가 해독됨으로써 신비에 싸여 있던 고대 문명이 스스로 목소리를 내게 되었고, 인류의 역사는 기원전 3000년 이상으로 확대되었으며, 당시인들의 생활, 문화, 사고방식들을 이해하게 되었다.

이를테면, 로마의 역사책에 단편적으로 등장했던 클레오파트라를 고대 이집트의 역사 속에 살아 숨 쉬는 인물로 되살려놓을 수 있었던 것은 바로 이집트 문자를 해독했기 때문이다. 그리스도교의 성경 역시 설형문자의 해독을 통해 더욱 깊이 있는 연구가 가능하게 되었다. 이처럼 문자로 기록된 선인들의 삶과 사상을 읽을 수 있었기 때문에 앞선 지혜를 발판으로 인간의 지혜는 더욱 커지게 된 것이다.

인더스 문자

아직 밝혀지지 않은 인도의 고대 문명을 담은 문자

- **시기** 기원전 2600년경~기원전 1900년경
- **지역** 파키스탄, 인도의 북서부
- **특징** 단어문자(추정)
- **언어** 드라비어어족 언어(추정)

인더스 문자

인더스 문자(Indus script)는 인더스 문명이 전성기였던 기원전 2600년경부터 기원전 1900년경까지 파키스탄 및 인도의 북서부 일대에서 사용된 문자다. 이 문자 유물이 발견된 최초의 지역이 하라파이기 때문에 하라파 문자(Harappan script)라고도 하며, 거의 대부분 사각형 도장 위에 오목하게 새겨진 형태로 발견되기 때문에 인장문자(印章文字)라고도 한다.

인더스 문자가 새겨진 사각형 도장은 주로 구리, 진흙, 돌로 만들어졌으며, 대부분 가로 4센티미터, 세로 3센티미터 정도의 크기다. 인더스 문자의 아랫부분에는 물고기, 코뿔소, 물소, 악어, 코끼리, 영양, 호랑이는 물론 유니콘 같은 상상의 동물을 비롯한 각종 동물뿐만 아니라 사람 등의 형상이 보인다. 도

인더스 문자와 유니콘이 적힌 도장

장 뒷면에는 줄이나 끈으로 묶는 데 쓰이는 듯한 작은 구멍이 나 있다.

이런 도장들이 어떤 목적으로 쓰였는지에 관해서는 여러 가지 가설이 있다. 이를테면 상거래 시 운송되는 물품에 끈으로 매달아서 보내는 사람의 이름이나 보내는 물품의 목록 같은 정보를 알리는 도구일 가능성이 있다. 또는 자신이 속한 사회 집단을 나타내는 신분증이나 그려진 동물을 숭상하는 부적이라는 의견도 있다. 하지만 인더스 문자가 건물에 새겨진 것은 없고 도로나 집 주변에서 주로 발견되는 도장에서만 보이기 때문에, 일상에서 상업 목적으로 사용되었다는 가설이 더 그럴듯하게 받아들여진다. 게다가 인더스 문명의 도장들이 서아시아의 엘람이나 메소포타미아 지역 등에서도 발견되는 것이 이 가설에 힘을 실어준다.

인더스 문자가 적힌 도장들이 발굴되기 시작한 것은 1875년부

터로, 처음에는 단순히 메소포타미아 문명의 일부로 생각되었다. 그러나 1921년에 마셜(J. Marshall)이 여러 도시를 발굴하면서 이 문자가 인더스 문명과 관련 있다는 사실이 새롭게 알려지게 되었다. 이로써 그 이전까지는 이 지역에서 가장 오래된 유물이었던 기원전 250년경 아소카 왕의 비문보다 약 4,000년을 거슬러 올라가는 인더스 문명이 인류에게 말을 걸어오게 되었다.

인더스 문자 해독의 어려움

인더스 문명에서는 현재까지 4,000여 개의 도장 유물이 발굴되어, 모두 400개 정도의 인더스 문자기호가 확인되었다. 이 정도 개수의 문자기호를 가지고 있다면, 인더스 문자는 단어문자일 가능성이 높다. 하지만 음절문자일 가능성도 버릴 수 없는데, 보통 음절문자는 50~100개의 기호를 가지고 있지만 같은 음절을 여러 개의 기호로 표기하는 경우도 있기 때문이다. 인더스 문자는 아직까지 명확하게 해독되지 않아서 이 문자가 어떤 언어를 기록했는지도 아직 밝혀지지 않았다. 문자를 해독하려면 현재 사용되고 있든, 아니면 이전에 소멸했든, 이미 잘 알려진 언어를 넣어서 말을 만들어야 한다. 그러나 아직 어떤 언어도 인더스 문자에 들어맞는 것이 없다.

현재 인도에서 사용되는 수많은 언어는 크게 인도유럽어족에 속하는 북부의 언어들과 드라비다어족에 속하는 남부의 언어들로 구분할 수 있으므로, 인더스 문자가 기록한 언어는 이 두 계통의 언어 중 하나일 수 있다. 하지만 인더스 문명을 건설한 이들이 인도유럽어를 말하는 아리아인이었을 가능성은 낮다. 또한 인도유럽 문명에서는 말(horse)이 중요한 역할을 하는데, 현재 남아 있는 인장 중에 말이 그려진 것이 없다는 점도 인더스 문자와 인도유럽어족 언어의 관련성을 크게 볼 수 없게 한다.

인더스 문자가 기록한 언어는 기원전 3500년경 이란 고원에서 이주해 온 드라비다 민족이 사용했던 언어인 드라비다어로 해석될 가능성이 더 높기는 하지만, 이 역시 만족스럽게 진행되지 않고 있다. 예전에는 민족의 이동이 빈번했기 때문에, 인더스 문명을 만들고 인더스 문자를 사용한 이들이 반드시 현재 인도에 살고 있는 이들과 같은 언어를 말했다고 쉽게 판정할 수도 없는 상황이다.

여러 가지 인더스 문자들

또한 이집트 문자, 설형문자 등이 잘 해독될 수 있었던 이유는 로제타석, 베히스툰 비문처럼 같은 내용을 두 개 이상의 언어로 기록한 자료가 남아 있기 때문이지만, 인더스 문자의 경우에는 아직 이런 자료가 발견되지 않았다. 특히 이 시기의 왕이나 지배자의 이름이 동시대의 다른 나라 문헌에라도 기록된 것이 있으면 하나의 실마리가 될 수 있을 텐데, 이 역시 아직 찾아보기 어렵다.

인더스 문자가 새겨진 도장은 한 줄에 4개 정도의 기호가 있고, 전체 5줄 정도의 간단한 구조를 가지고 있다. 아주 드물게 26개의 기호를 가진 것도 있지만, 현재 남아 있는 자료들이 대부분 짧은 글이기 때문에, 문장인지 단어의 연쇄인지조차 판단하기 어려운 것도 인더스 문자 해독에 어려움을 더한다.

하지만 인더스 문자의 해독이 다른 문자보다는 어렵다는 것이지 전혀 불가능한 것은 아니다. 아직도 발굴 중인 문자 자료들이 더 많이 확보되고, 언어학적 훈련을 받은 전문 연구자들이 힘을 합쳐서 컴퓨터 코퍼스 분석 등 새롭게 활용되는 언어학 방법론을 이용하면, 언젠가 인더스 문명이 우리에게 자신의 이야기를 자세하게 들려줄 날이 올 것이다.

문자기호 확정 과정

문자의 해독 과정에서 개개의 글자들이 어떻게 확정되는지 인더스 문자를 통해 살펴보기로 하자.

첫째, 비슷한 모양의 기호가 발견되었을 때 이들이 하나의 기호를 다르게 쓴 것인지, 아니면 서로 다른 기호인지 판단해야 한다. 이를테면, 다음 인더스 문자의 기호들은 현재 모두 같은 기호의

이체자(異體字)로 판단하고 있지만, 이 같은 판단이 간단한 일은
아니다.

　한글 또한 같은 음절의 글자라 해도 사람마다 쓰는 모양이 달라
지게 마련이지만, 이들을 같은 글자로 보아주기를 바랄 수는 없는
일이다. 하다못해 **돌** 돌 돌 돌 돌과 같이 컴퓨터에서 일정하게 쓰인
글자도 한글을 전혀 모르는 사람에게는 같은 글자처럼 보이지 않
을 가능성이 높다.
　심지어, 아예 모양이 다른 글자라 하더라도 위치에 따라 실제로
는 하나의 소릿값을 가지는 경우도 있다. 예를 들어, 그리스 문자
의 ς와 σ는 같은 글자의 이체자로서 소릿값은 [s]로 똑같지만, 전
자는 언제나 단어 끝에서만 쓰이고 후자는 단어 끝이 아닌 위치
에서 쓰인다. 또는, 모양이 같은 글자라도 위치에 따라 서로 다른
소릿값을 가지는 경우도 있다. 예를 들어 한글의 ㅇ은 음절의 처
음에서는 '아, 오, 이'와 같이 아무런 소릿값이 없으며, 음절의 끝
에서는 '강, 송, 잉'와 같이 [ŋ]의 소릿값을 갖는다. 그러므로 미지
의 문자 체계가 모두 몇 개의 문자를 가졌는지를 결정하는 일은
쉬운 일이 아니다.

둘째, 기호가 확정된 다음에는 각각의 글자들이 어떤 의미인지 판단해야 한다. 다음 글자들이 각각 무엇을 상형했는지 생각해보자.

인더스 문자는 기본적으로는 상형의 원리로 만들어진 문자다. 하지만 문자는 오래 사용되는 동안 점차 단순하게 변하기 때문에(간략화 원리), 상형 대상을 쉽게 판정할 수 없는 글자들도 많다. 게다가 연구자마다 같은 글자를 놓고서도 그 의미를 자의적으로 판단하기도 한다. 예를 들어 ᠐를 뿔난 소의 머리를 앞에서 본 모양으로 여길 수도 있고, 손잡이가 달린 단지, 인도에서 흔히 볼 수 있는 보리수나무를 그린 것이라고 여길 수도 있다.

셋째, 두 개 이상의 문자기호가 결합해 하나의 글자가 되었는지, 아니면 각각 별개의 글자가 함께 쓰인 것인지 판단해야 한다. 예를 들어 한자의 경우, 明, 材, 鮮, 間은 각각 日+月, 木+才, 魚+羊, 門+日이 결합되어 만들어진 글자이지만(합성의 원리), 한자를 잘 모르는 사람은 이들을 각각 두 개의 서로 다른 글자라고 오해할 수도 있다. 다음 인더스 문자들은 모두 합성의 원리로 이루어진 하나의 글자로 이해되지만, 어쩌면 별개의 글자를 모아쓴 것일지도 모른다.

넷째, 특정한 대상을 상형한 글자라고 해도 언제나 그 뜻으로만 해독되지 않을 수도 있음을 염두에 두어야 한다. 𝕏는 드라비다어에서 [min]으로 읽어서 '물고기'라는 뜻을 가진 것으로 해독될 수 있지만, 때로 이 글자는 '별'이라는 뜻으로 해독하기도 한다. 드라비다어에서 [min]은 동음어로서 물고기와 별이라는 의미를 둘 다 가지기 때문이다(한국어에서 [nun]은 동음어로서, 시각을 담당하는 신체기관이라는 의미와 하늘에서 내리는 흰색 결정체라는 뜻을 가지고 있는 것과 마찬가지다. 영어에서도 [sʌn]이 '아들'이라는 의미와 '태양'이라는 의미를 아울러 가진다). 따라서 어떤 경우에는 그 모양과 관계없이 '별'이라는 뜻으로 사용될 때도 있다는 것이다. 이처럼 하나의 기호를 가지고 둘 이상의 동음어를 표기하는 것을 '동음기호 원리'라고 하며, '레부스(rebus) 원리'라고도 부른다. 다른 예를 들자면, 고래 두 마리 그림이 '고래고래 (소리 지르다)'라는 뜻을 나타내는 것도 동음

기호 원리에 따르는 것이다.

인더스 문명

인더스 문명은 메소포타미아 문명, 이집트 문명, 황허 문명과 함께 세계 4대 고대 문명 중 하나로서, 메소포타미아 문명, 이집트 문명과 거의 비슷한 시기인 기원전 3300년경부터 기원전 1700년경까지 번성했다. 인더스 문명은 주로 인더스 강 북부의 하라파와 남부의 모헨조다로를 중심으로, 아프가니스탄과 이란의 일부를 포함하여 남북으로는 1,600킬로미터, 동서로는 1,100킬로미터의 광대한 범위의 약 1,000개 이상 지역에서 발굴된다. 하라파와 모헨조다르는 현재 파키스탄에 속한 지역으로, 1947년 파키스탄이 인도에서 분리 독립하기 전에는 인도에 속했다.

인더스 문명은 농경과 목축을 기반으로 한 도시 문명이다. 바둑판 모양으로 잘 정비된 도로와 더불어 똑같은 크기로 구운 벽돌로 지은 학교, 회의장, 곡물창고, 가옥 등의 건축물이 남아 있다. 또한 공중목욕탕, 상하수도 등 위생시설도 잘 갖추고 있었다. 다만, 궁전, 신전, 왕의 무덤 등 강력한 지배자나 왕에 관련된 유적 및 유물은 발굴되지 않는다.

수메르 유적에서 인더스 문명에서 만든 구슬, 인장, 주사위 등이 발견되는 것으로 보아, 인더스 문명은 메소포타미아 지역과 활발하게 교류했던 것으로 보인다. 수메르에서는 육로와 해로를 이용해 인더스 문명에서 원자재, 광석, 목재, 보석류 등을 수입했고, 소모품과 제조품들을 인더스 문명으로 수출했다.

기원전 1700년경, 인더스 문명은 갑자기 사라진다. 큰 홍수로 인더스 강이 범람했거나, 벽돌을 굽기 위해 나무를 남벌한 결과 기후가 변화했을 가능성이 있다. 인더스 문자와 함께 그려진 그림에 코뿔소, 물소, 악어 등 현재는 그 지역에 없는 습지 동물들이 보인다는 사실도 참고할 만하다. 아리아인이 남하하여 이 지역의 새로운 주인이 되었던 기원전 1500년경에 이미 인더스 문명은 멸망한 상태였다.

인더스 문자와 다른 문자의 관계

인더스 문자의 기원에 관해서도 아직 밝혀진 바가 없다. 일찍부터 메소포타미아 문명과 교류했으므로 수메르 문자 또는 이집트 문자의 영향을 받았을 가능성도 있고, 인더스 문명에서 독자적으로 문자를 만들었을 가능성도 있다. 다만, 인더스 문자가 원시 엘

표 1-5 **인더스 문자와 원시 엘람 문자**

인더스 문자	⌂ ⩜ ◭ ◇ ⋈ ⱳ⩚ ⵠ ⟫�􌆔 ✕ ⩩ ⌾ ⫟ ⩘ Ɏ ⊛ ⊞
원시 엘람 문자	⌂ ⩜ ◭ ◇ ⋈ ⱳ ⵠ ⟫⯙ ⱼ✛ ⩩ ⌾ ⮗ ⩘ ⩒ ⁂ 丹
인더스 문자	⊙ ⩜ 田 Ƀ ⧈ ⊟ Ɐⵦ 皿⇧⇧ ⧈ ⊙ ⩅Ɐⵦ
원시 엘람 문자	⊙ ✕ 田 ⯽ ⧈ 目 ⟓ ⯙ 豺 ⯙⯙ 益Ⱇ ⭂ ⊖ ⩦⯙益

람 문자와 비슷한 모양을 가졌다는 점으로 인해 두 문자의 영향 관계를 가정해볼 수도 있다.

또한 남태평양에 있는 이스터 섬에서 18세기 이후 발견된 롱고롱고 문자와도 비슷한 부분이 있어 관심을 받기도 했다. 기원전에

표 1-6 인더스 문자(왼쪽)와 롱고롱고 문자(오른쪽)

인더스 문자	롱고롱고 문자	인더스 문자	롱고롱고 문자	인더스 문자	롱고롱고 문자	인더스 문자	롱고롱고 문자

사용되던 문자가 수천 년 동안 아무 흔적도 없이 사라졌다가 수만 킬로미터 떨어진 섬에서 쓰인 문자와 모양이 닮은 것은 많은 이들의 흥미를 끌 만했다.

하지만 롱고롱고 문자가 인더스 문자와 닮은 것은 우연일 가능성을 배제할 수 없다. 인간이 사물을 본떠 문자를 만드는 과정은 대부분 비슷하게 마련일뿐더러, 문자기호는 보통 소수의 획으로 이루어지는 것이라 모양이 비슷한 문자가 나오기 쉽다. 예를 들어 어린아이들에게 사람이나 새, 나무 등을 그리라고 하면 어느 나라, 어느 민족이든 비슷한 모양으로 그릴 것이다.

인더스 문자는 오늘날 인도에서 사용되는 브라흐미 계통의 문자들과도 관계가 없다. 나중에 살펴보겠지만, 브라흐미 문자들은 대부분 아람 문자에서 만들어진 것이다. 세계 4대 문명에서 사용되던 문자 중에서 유일하게 인더스 문자만 해독되지 못하고 있기 때문에, 인더스 문자는 많은 추측의 대상이 되어왔다.

크레타 섬의 문자들

그리스 신화를 낳은 문자

- **시기** 크레타 상형문자: 기원전 2100년경~기원전 1700년경

  선문자A: 기원전 1850년경~기원전 1450년경

  선문자B: 기원전 1500년경~1200년경

  파이스토스 원반 문자: 기원전 1700년경
- **지역** 크레타 섬(오늘날 그리스)
- **특징** 선문자A, 선문자B: 표음문자-음절문자, 표의문자-단어문자
- **언어** 크레타 상형문자, 선문자A, 파이스토스 원반 문자: 미해독

  선문자B: 그리스어

크레타 문명

에게 해는 그리스와 튀르키예 가운데에 있는 지중해 동쪽 바다로, '에게'는 그리스의 영웅 테세우스의 아버지 아이게우스에서 유래된 이름이다. 에게 해 남쪽에는 현대 그리스에 속한 섬 중 가장 큰 크레타 섬이 있는데, 그리스 본토에서 약 160킬로미터 떨어져 있으며 그 면적은 제주도의 4.5배에 이른다. 스페인에서 활동한 화가 엘 그레코와 현대 그리스 문학을 대표하는 작가 카잔차키스가

크레타 섬에서 태어났으며, 특히 카잔차키스의 소설 〈그리스인 조르바〉는 이 섬을 배경으로 한 것이다.

이 섬에서 기원전 1900년경 유럽에서 가장 오래된 문명인 크레타 문명이 탄생한다. 크레타 문명은 해상 문명으로서, 배를 타고 쉽게 이동할 수 있다는 지리적 이점을 활용해 동쪽의 메소포타미아와 남쪽의 이집트 및 동북쪽의 아나톨리아(오늘날 튀르키예)와 교류하며 일찍부터 다양한 선진 문명을 받아들였다. 크레타 문명은 소아시아의 청동기 문화를 도입하여 섬 여러 곳에 도시를 세우고 화려한 궁전을 지었으며 이렇게 발달된 문명을 기반으로 그리스 본토와 전쟁을 벌여 승리했다. 이들이 이룩한 문화는 나중에 그리스로 이어진다. 따라서 고대 동방의 문화를 그리스로 전달하는 역할을 한 것이 바로 크레타 문명이라 할 수 있다.

이 섬에서 발견된 문자의 종류만 해도 상형문자, 선문자 두 종류, 파이스토스 원반 문자로 모두 네 가지다. 이것만 보아도 크레타 문명이 얼마나 발달했는지 추측할 수 있다. 크레타 문명은 그리스에게 멸망당한 이후 오랜 기간 동안 로마, 동로마, 베네치아, 오스만 등 여러 민족의 지배를 받다가 20세기 초 그리스 영토가 된다.

미노스 왕과 그리스 신화

크레타 문명은 미노스 문명 또는 미노아 문명(미노아는 미노스의 형용사)이라고도 불린다. 그만큼 크레타 문명을 언급할 때 빼놓을 수 없는 것이 미노스 왕이다. 미노스 왕의 아버지는 그리스 신화의 최고신인 제우스이고 어머니는 페니키아의 공주였던 에우로파(Europa)인데, 유럽(Europe)이라는 단어가 바로 미노스 왕의 어머니 이름에서 나왔다.

기원전 8세기 호메로스가 쓴 〈오디세이아〉에 기록된 미노스 왕 이야기는 다음과 같다. 미노스 왕의 아내 파시파에가 몸은 사람이지만 머리는 황소를 닮은 미노타우로스를 낳자, 화가 난 미노스 왕은 한 번 들어가면 영원히 출구를 찾을 수 없는 미궁(迷宮)을 지어 미노타우로스를 그 안에 가두어놓는다(이 미궁의 이름인 라비린토스Labyrinthos는 나중에 미로labyrinth라는 뜻을 갖는다). 그리고 당시 속국이었던 그리스 본토의 아테네인 중에서 해마다 젊은 남녀 열네 명을 강제로 뽑아 미노타우로스에게 제물로 바치게 한다.

아테네의 영웅 테세우스는 자신의 조국을 위해 크레타 섬으로 자원해 들어와서 미노타우로스를 죽이고 복잡하게 얽힌 미궁을 탈출하는 데 성공한다. 테세우스는 자신을 사랑하게 된 미노스 왕의 딸 아리아드네가 알려준 대로 실타래를 풀면서 미궁에 들어갔다가 다시 그 실을 되감으며 나올 수 있었다. 그런데 실타래로 탈출하는 방법은 미궁을 만든 다이달로스가 아리아드네에게 알려준 것이었다. 이 때문에 다이달로스는 미노스 왕의 노여움을 사 아들 이카로스와 함께 높은 탑에 갇히게 되고, 새의 깃털을 모아 밀랍으로 붙여 날개를 만들어서 탈출하게 된다. 하지만 호기심 때

1장 | 문자의 발생

문에 태양 가까이 날아올라간 이카로스는 태양의 열기로 밀랍이 녹아 떨어져 죽고 만다.

크레타 상형문자

크레타 섬에서 발견된 최초의 문자는 돌에 새긴 인장 명판에 적혀 있다. 이 크레타 상형문자(hieroglyphic Minoan script)는 신체, 식물, 동물, 도구, 무기, 배 등 실제 사물을 본뜬 96개의 문자로서, 기원전 2100년경부터 기원전 1700년경까지 사용된 것으로 보인다.

이 문자들은 왼쪽에서 오른쪽으로 쓰는데, 그림에 가까운 것과 다소 간략화된 모양의 두 가지 형태(이 둘을 크레타 상형문자A, B로 구분하기도 한다)가 있었다는 것 정도만 알려졌다. 이 문자는 다른 문자의 영향을 받지 않고 독자적으로 발생한 것으로 생각되며, 아직 해독되지 못했다. 발견된 자료의 수가 적을 뿐 아니라 이 문자가 기록한 언어가 그리스어가 아니라 이미 소멸한 언어이기 때문이다.

크레타 상형문자는 조금 뒤에 나온 선문자A와 사용 시기가 겹치기도 한다. 크레타 상형문자가 장식적이고 공적인 성격을 가지고 있었다면, 선문자A는 일상에서 많이 사용되었다. 두 문자를 사용한 집단이 달랐거나 서로 다른 언어를 기록한 것일 수도 있다.

표 1-7 크레타 상형문자 두 종류

	크레타 상형문자A	크레타 상형문자B	크레타 상형문자A	크레타 상형문자B	
움츠린 사람					?
눈					배
팔					소
도끼					양
문					개
괭이					새
리라(악기)					?
양날도끼					나무
물병					별
궁전					달
					산

선문자A와 에번스

크레타 문명을 처음 발견한 사람은 영국의 고고학자 에번스
(Arthur Evans, 1851~1941)다. 그가 1900년부터 10년간의 발굴을 통

해 크레타 문명의 중심지인 크노소스 궁전을 발견함으로써 크레타 멸망 후 약 3,000여 년 동안 완전히 잊혔던 크레타 문명이 되살아났다. 여기에서 그는 당시에는 전혀 알려지지 않은 문자가 적힌 점토판을 발견한다. 에번스는 이 문자들이 크레타 상형문자에 비하면 선과 곡선으로 만들어진 추상적인 문자라는 뜻에서 더 오

선문자A가 새겨진 점토판

래된 것을 선문자A(선형문자A), 더 나중 것을 선문자B(선형문자B)라고 이름 붙인다. 이후 그는 몇 십 년 동안 이 문자들을 해독하기 위해 노력했으나 성과를 보지 못했다.

선문자A는 왼쪽에서 오른쪽으로 써나간 것으로 보이며, 음절문자로 추정되는 80여 개의 기호와 단어문자로 추정되는 100여 개의 기호를 사용해 언어를 표기하고 있다. 다만, 음절문자기호들의 소릿값은 비슷한 모양을 가진 선문자B를 따라 재구성되었지만, 그 소릿값이 그리스어에 대응되는 것이 없기 때문에 선문자A가 어떤 언어를 기록한 것인지는 아직 밝혀지지 않았다.

선문자B와 미케네 문명

크레타 문명은 화산 폭발과 지진으로 쇠퇴하다가 기원전 1450년경 그리스 본토에서 건너온 이들에게 멸망한다. 이 본토인들은 펠로폰네소스 반도의 미케네를 중심으로 발달했기에, 그들이 세운 문명을 미케네 문명이라고 한다. 선문자B는 미케네 문명에서 사용된 문자다.

선문자B는 앞선 선문자A와 마찬가지로 90여 개에 이르는 음절문자와 수십 개의 단어문자로 이루어져 있다. 선문자B가 선문자A와 다른 점은 크게 두 가지다. 첫째, 선문자A가 크레타 섬 안에서만 발견되는 것에 비해 선문자B는 크레타 섬뿐만 아니라 미케네,

선문자B가 새겨진 비문 사본

테베 등 그리스 본토 여러 곳에서 발견된다. 둘째, 선문자A는 어떤 언어를 기록한 것인지 아직 밝혀지지 않았지만, 선문자B는 당시 크레타 섬을 지배했던 미케네 문명의 언어인 그리스어를 표기하고 있다. 다만 선문자B의 절반 정도가 선문자A와 모양이 같으므로, 이들이 선문자A에서 발달한 문자인지, 아니면 두 문자가 나란히 발달한 것인지는 아직 확실하게 밝혀지지 않았다.

표 1-8 **선문자B의 음절표**

	a	e	i	o	u
–					
d					
j					
k					
m					
n					
p					
q					
r					
s					
t					
w					
z					

선문자B를 해독한 이는 영국의 건축학자 벤트리스(Michael Ventris, 1922~1956)다. 이 문자를 처음 발견한 에번스가 해독에 성공하지 못한 까닭은 선문자B가 그리스어를 기록했을 가능성을 처음부터 배제했기 때문이다. 게다가 에번스는 선문자B가 오직 크레타 섬에서만 쓰였다고 생각했다. 벤트리스가 해독해낸 선문자B는 〈표 1-8〉과 같은 소릿값을 가지고 있다.

이 음절표에 따라 선문자B로 기록된 단어를 몇 개 읽어보기로 하자. 〈표 1-9〉에서 알 수 있듯이 선문자B로 기록된 언어는 그리스어와 잘 대응이 되며, 특히 표에서 소개한 단어들은 그리스어와 영어가 어원이 같다.

〈표 1-10〉은 선문자B의 단어문자 중에서 동물과 관련된 문자

표 1-9 **선문자B와 대응되는 그리스어**

선문자B	발음	대응되는 그리스어	뜻	비고(영어)
ǂ ‡	pa-te	pater(πάτερ)	아버지	father
﹀ ‡	ma-te	mater(μάτερ)	어머니	mother
﹀ ﹀ ﹢	a-ke-ro	agelos (ἄγγελος)	전달자 심부름꾼	angel
﹂ ﹣ ﹀ ﹁	po-pu-re-yo	porphura (πορφύρα)	보라색	purple
﹀ ﹀ ﹢	ko-ri-to	Korinthos (Κόρινθος)	고린토 (지명)	Corinth

1장 | 문자의 발생

표 1-10 동물과 관련된 선문자B

암양	숫양	암염소	숫염소
암돼지	수돼지	암소	수소
암말	수말	말(통칭)	사슴

만 모은 것이다. 암컷을 나타내는 문자는 세로선이 그어져 있고, 수컷을 나타내는 문자는 두 개의 짧은 가로선이 그어져 있다는 점이 흥미롭다. 또한, 이 문자들만 봐도 당시 생활의 일부를 엿볼 수 있는데, 당시 사람들에게는 양, 염소, 돼지, 소, 말 등이 중요한 가축이었을 것이다. 또한 사슴을 나타내는 문자는 암수 구분이 없는 것으로 미루어보아, 일상적인 가축은 아니었던 듯하다.

참고로 남녀를 나타내는 문자는 각각 다음과 같다.

여자   남자

또한 선문자B에는 십진법을 나타내는 기호들도 있었다.

| 1 | 10 | 100 | 1000 | 10000 |

지금까지 설명한 것을 바탕으로 해서 선문자B로 쓰인 다음 점토판을 해석해보자.

선문자B가 새겨진 점토판

이 점토판에 쓰인 문자들을 옮기면 다음과 같다.

첫 부분의 ⊓ ⊤ ⋔ ⊕ ⌐ ⊟는 wa-to a-ko-ra-ja로 읽을 수 있는데, 무슨 뜻인지는 아직 밝혀지지 않았으나 아마 제물이나 공물을 받을 사람이나 장소의 이름으로 추정된다. 그 이하는 "숫양 60마리, 암양 270마리, 숫염소 49마리/ 암염소 130마리, 수퇘지 17마리, 암퇘지 41마리, 수소 2마리, 암소 4마리"로 해석할 수 있다.

1장 | 문자의 발생

파이스토스 원반 문자

1908년 크레타 섬의 남쪽 해안에 있는 파이스토스 궁전에서 지름 16센티미터, 두께 1센티미터인 점토 원반이 발견된다. 이 원반의 양면에 찍힌 45개 종류의 문자를 파이스토스 원반 문자라고 부른다(호메로스의 기록에 의하면, 파이스토스는 트로이 원정군이 소집된 장소라고 한다).

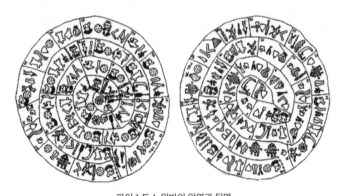

파이스토스 원반의 앞면과 뒷면

파이스토스 원반은 기원전 1700년경 제작된 것으로 추정된다. 원반 테두리에서 중심을 향해 시계 방향으로 나선을 그리며 모두 241개의 문자가 배열되어 있는데(위 그림에서 왼쪽 아랫부분의 🐦☉❕⚱〉이 시작점이다), 사물의 모양을 본떠 도장을 먼저 만든 후에 그 도장들을 점토에 눌러 찍은 방식으로 기록되어 있다는 점에서 매우 특이하다고 할 수 있다. 게다가 크레타 문명이나 이후의 고대 문명에서도 이런 방식으로 제작된 자료는 전혀 나오지 않는다. 어떤 의미에서는 세계 최초의 활자 인쇄물이라고 보기도 한다.

이 원반에 기록된 상형문자들은 크레타 상형문자 및 선문자 A, 선문자B와는 다른 종류의 문자로서, 음절문자일 가능성이 높은 것으로 추정할 뿐 현재까지 널리 인정되는 해독은 나오지 않고 있다. 또한 이 유물이 원래 크레타 섬에서 만들어진 것인지, 아니면 다른 곳에서 들여온 것인지조차 밝혀지지 않았다. 군인이 깃 장식이 있는 헬멧(🐗)을 쓰는 문화는 크레타 문명에서는 찾아보기 힘들다고 한다. 이와 같은 이유로 이 원반을 다른 시대에 만들어진 위작으로 보는 견해도 있다.

히타이트 문자

잃어버린 역사를 되찾아준 문자

- **시기** 히타이트 설형문자: 기원전 1700년경~기원전 1200년경
  루위어 상형문자: 기원전 1400년경~기원전 700년경
- **지역** 아나톨리아 동북부(오늘날 튀르키예의 아시아 부분) 및 시리아
- **특징** 히타이트 설형문자: 표음문자-음절문자(일부 표의문자-단어문자)
  루위어 상형문자: 표의문자-단어문자, 표음문자-음절문자
- **언어** 히타이트 설형문자: 히타이트어, 아카드어
  루위어 상형문자: 루위어

세계 최초의 평화조약

기원전 13~14세기 고대 오리엔트 지역은 이집트, 아시리아, 그
리스 및 히타이트를 중심으로 움직이고 있었다. 특히, 도시국가였
던 그리스와는 달리 이집트, 아시리아, 히타이트는 제국을 이루어
서로 힘을 겨루고 있었다. 기원전 1275년 이집트가 시나이 반도를
넘어 레반트(Levant. 시리아, 레바논 등 지중해 동쪽 연안 팔레스타인 지
역)까지 진출하면서, 아나톨리아에서 세력을 키워 영토를 확장하

고 있던 히타이트와 만나게 된다.

이집트 역사상 가장 번영한 시기를 구가하던 신왕국의 이집트와 인류 역사상 최초로 철기를 사용한 강력한 히타이트 사이에서 전쟁이 벌어지는데, 이것이 바로 기록으로 남겨진 것 중 가장 오래된 전투인 카데시 전투다(카데시는 오늘날 시리아 오론테스 강 상류에 있다). 이 충돌 이후 이집트와 히타이트는 오랫동안 긴장 상태를 유지하다가 기원전 1259년 히타이트의 제안에 따라 조약을 체결하고 휴전하게 된다. 히타이트 입장에서는 동쪽에서 떠오르고 있는 아시리아를 의식하지 않을 수 없었는데, 이집트와 전쟁 중에 아시리아가 공격해 오면 두 지역을 동시에 방어하기 어려웠기 때문이다. 이집트 역시 아시리아에게 히타이트가 넘어가게 되면 그다음 상대는 바로 자신이었기에, 근동 지역을 포기하더라도 더 이상의 분쟁을 멈추고 평화를 유지할 필요가 있었다.

이 조약으로 인해 아시아 지역에서 이집트의 영향력은 대폭 축소되고, 이후 우리가 알고 있는 바와 같이 이집트의 영토는 나일 강 유역으로 한정되었다. 레반트 등 근동 아시아의 운명이 이 조약에 따라 좌우된 것이라 할 수 있다. 이 조약은 이집트와 히타이트가 서로 대등한 관계에서 맺은 불가침 조약으로서 결과적으로는 인류 최초의 평화조약이라고 평가된다. 이 조약의 가치는 다음과 같은 설명에 잘 요약되어 있다.

그때까지의 '조약'들이 대체로 승자가 패자에게 일정한 요구를 이행

1장 | 문자의 발생

토록 강제하는 종속조약이었던 반면, 이 조약은 평등한 주체가 상호인정·상호불가침·호혜평등 등의 원칙에 합리적으로 합의한 평등조약이었다. 그것은 오늘날의 국제정치에서도 존중되어야 할 원칙들을 담고 있으며, …… "주먹보다는 대화로", "서로의 입장에서 생각하며 한 발짝씩 양보를"과 같은 문명인의 갈등 해결 방식이 까마득히 먼 옛날, 중동의 땅에서도 있었으며, 그에 따라 맺은 약속과 화해는 "서로의 땅에 존재하는 수천의 신들"에 의해 영원히 보장되었다.

— 함규진, 〈히타이트-이집트 조약〉 중에서[*]

문자를 통해 되살아난 문명

이집트 룩소르 인근에 있는 카르나크 신전은 이집트 최대 규모의 신전으로서, 여기에는 이집트가 히타이트와 벌인 전쟁이 벽화와 이집트 문자로 자세하게 기록되어 있다. 이에 따르면, 당시 람세스 2세는 히타이트와의 전투에서 크게 승리하여 자신의 능력을 국제적으로 과시했다. 또한 람세스 2세는 이곳 외에도 이집트 각지에 자신의 무공을 드높이는 승전 기념물을 많이 세웠기에, 후대의 역사가들은 이런 기록에만 의지하여 역사를 구성할 수밖에 없었다. 그렇기에 1900년대 중반까지는 카데시 전투에서 이집트가

---

[*] 네이버캐스트, '조약의 세계사' (http://navercast.naver.com/contents.nhn?rid=257&contents_id=22173)

이집트 기록에 그려진 카데시 전투

승리했고, 또한 이집트와 히타이트가 맺은 조약 역시 이집트에 유리한 내용으로 이루어졌다고 알고 있었다. 20세기에 이르기까지 역사가들이 참고했던 자료가 오로지 이집트 측에서 기록한 것들뿐이라는 점을 고려하면 이는 당연한 결과다.

하지만 19세기 후반에 이르러 카데시 전투의 실상과 더불어 이집트와 히타이트의 관계에 관한 역사가 다시 쓰이게 되었다. 히타이트 점토판이 대량으로 발견되어 해독되었기 때문이다.

히타이트의 수도가 있었던 하투샤(보아즈쾨이. 현재 튀르키예의 보아즈칼레)에서 현재까지 약 3만 장의 점토판이 발견되었는데, 이를 통해 정치, 사회, 군사, 종교, 법률, 상업, 언어, 역사, 문화, 예술 등 당시 히타이트의 다양한 생활을 새롭게 알게 되었다. 기원전 1700년경에 등장해 500여 년간 존속하다 사라진 제국이 기원후 20세기에 다시 역사 안으로 모습을 드러낸 것이다.

그중에 당시 이집트와 맺은 조약의 내용이 히타이트의 입장에서 상세하게 기록된 점토판이 포함되어 있었다. 히타이트의 기록에 따르면, 이집트와의 전쟁은 오히려 히타이트에게 유리하게 진행되었는데, 이 기록이 후대에 발생한 여러 가지 일들을 더 잘 설명해주는 것으로 이해된다. 즉, 이집트와 히타이트가 전쟁을 벌인 이유는 팔레스타인 지역에 대한 이집트의 지배권을 확고하게 하기 위한 것이었지만, 이집트는 카데시 전투의 결과 아무런 연고도 남기지 못하고 후퇴했다. 또한 아무르 왕국 등 원래 이집트의 지배하에 있던 시리아 중북부의 여러 지역도 히타이트의 영향력 아래 들어가게 된다. 또한 이집트의 기록에서는 히타이트 왕 무와탈리 2세의 동생 두 명이 전사한 것으로 되어 있지만, 히타이트의 기록을 참고하면 이는 사실이 아님을 알 수 있다.

이처럼, 하나의 사건을 두고 2,000킬로미터나 떨어진 두 장소에서 3,000여 년의 격차를 두고 동일한 내용의 문서가 발견됨으로써 인류가 잃어버린 기억을

히타이트 설형문자로 기록된, 히타이트와 이집트 사이의 조약문 (이스탄불고고학박물관)

다시 복원할 수 있었다. 마치 숨겨놓았다가 어디 두었는지 몰라 잊어버렸던 일기장을 다시 찾은 것과 같은 일이다. 히타이트인들이 남겨놓은 점토판이 발견되지 않았더라면, 그리고 그 점토판에 기록된 문자가 제대로 해독되지 않았더라면, 인류 역사의 중요한 한 부분을 잃어버리고 말았을 것이다. 그런 의미에서, 히타이트 설형문자로 기록된 점토판들은 세계 문명사의 새로운 선물이라고 할 수 있다.

이 조약문의 점토판 원본은 현재 튀르키예 이스탄불고고학박물관에 전시되어 있으며, 뉴욕에 있는 국제연합 본부 건물 1층에 그 복사본이 걸려 있다. 세계의 평화를 바라는 국제연합의 이상을 상징적으로 잘 보여주기 때문이다.

히타이트 설형문자의 해독

히타이트의 점토판에 기록된 언어를 해독한 사람은 체코의 고고학자이자 언어학자인 흐로즈니(Bedřich Hrozný, 1879~1952)다. 그는 1915년 제1차 세계대전에 참전한 가운데에서도 히타이트 설형문자 해독의 끈을 놓지 않을 수 있었다. 히타이트 점토판을 읽어나가던 중, 흐로즈니가 해독의 실마리를 잡은 문장은 다음과 같다.

NINDA-an ēzza-teni wātar-ma eku-teni

이 문장에서 흐로즈니가 이미 알고 있던 단어는 수메르어에서 '빵'을 의미하는 단어인 NINDA 하나뿐이었다. 그는 NINDA 뒤에 붙은 -an은 목적격을 나타내는 형태소라고 가정하고, 다음에 '먹다'라는 뜻의 단어가 올 것이라고 추측했다. 그런데 바로 뒤에 나오는 단어 ēzza가 이 추측에 잘 들어맞았다. 당시 이미 상당한 수준으로 발달한 인도유럽어의 비교언어학에서 밝혀졌듯이, ēzza는 라틴어 edere, 고지 독일어 ettsan, 독일어 essen, 고대 영어 etan, 영어 eat와 정확하게 대응이 되는 단어다. 또한 흐로즈니는 먹는 행위 다음에는 마시는 일이 올 것이라고 생각하고, wātar를 '물'로, eku-를 '마시다'로 해독했다. wātar가 고지 독일어 wazzar, 독일어 Wasser, 고대 색슨어 watar, 고대 영어 wæter, 영어 water 등과 대응되며, eku-는 라틴어로 '물, 비, 바다'를 뜻하는 aqua와도 연결이 된다는 사실과 부합된다. 두 동사 ēzza와 eku 뒤에 붙은

히타이트 설형문자 해독의 기초가 된 부분(KUB 13.4 ii 70)
밑줄 친 부분이 "당신은 빵을 먹고, 물을 마신다."라는 뜻이다.

-teni라는 어미는 2인칭 현재형 어미다. 결국 이 문장은 "당신은 빵을 먹고, 물을 마신다."라는 뜻을 가지고 있다.

이와 같은 해독을 시작으로 1930년대에 이르러서는 대부분의 점토판을 해독할 수 있었으며, 이를 통해 인류 역사의 잃어버린 고리 하나가 3,000년 만에 제자리를 찾았다.

흐로즈니의 연구를 통해, 히타이트가 이집트와 대등한 세력을 가진 강대국이었으며, 히타이트어는 현재까지 알려진 인도유럽어족의 언어 중에서 가장 오래되었을 뿐만 아니라 제일 먼저 문자로 기록된 언어라는 사실이 밝혀졌다. 인도유럽어를 사용하는 유럽인들의 뿌리가 미케네 문명보다 훨씬 앞선 시대까지 거슬러 올라갈 수 있게 되고, 유럽 문명이 이집트, 아시리아 등 동양의 문명과 어깨를 나란히 했음을 보여주는 증거가 되는 것이다.

히타이트어는 루위어, 리키아어, 카리아어, 리디아어, 팔라어, 피시디아어 등과 함께 인도유럽어족의 아나톨리아어파에 속하는데, 이 어파의 언어들은 현재 모두 사멸되었다.

히타이트 설형문자

히타이트 설형문자는 메소포타미아 설형문자에서 차용한 문자로서, 375개의 음절문자로 구성되어 있다. 히타이트어와 아카드어가 히타이트 설형문자로 기록되었으며, 특히 당시의 외교 언어였던 아카드어로 이집트, 바빌로니아, 아시리아 등과 주고받은 외교 문서가 많이 남아 있다.

당시의 기록을 현대의 예로 설명하자면, 다음과 같이 로마자를 빌려서 국제 공용어로 기록한 자료와, 로마자를 빌려 현지 언어로 기록한 자료가 남아 있는 것에 비유할 수 있다.

I love you.

neo-rul sarang-hae. (너를 사랑해)

설형문자가 당시의 학자들에게 이미 잘 알려졌음에도 히타이트어로 기록된 점토판을 해독할 수 없었던 이유는, 위의 neo-rul sarang-hae와 같은 경우에서처럼, 문자는 읽을 수 있어도 해당 언어를 몰라 그 뜻을 파악할 수 없기 때문이다.

또한 히타이트 설형문자에는 수메르 기호와 아카드 기호라는 특이한 현상이 있기도 했다. 수메르 기호(Summerogram)란 수메르어에서 사용되던 단어문자를 빌려다 그대로 단어문자로 사용하는 것인데, 이를테면, '땅'이라는 뜻을 가진 설형문자기호 ✦는 수메르어에서는 [쿠르]라고 읽지만, 히타이트어에서는 [우드네]라고 읽으면서 같은 의미를 가진 단어문자로 사용되는 것이다. 또한 아카드 기호(Akkadogram)는 아카드어에서는 음절문자로 사용되는 단어를 빌려다 단어문자로 이해하는 것이다. 예를 들어, ⫪✦▬는 아카드어에서는 ⫪[아]와 ✦▬[부]의 두 음절로 이루어진 단어로서 '아버지'의 뜻을 가지고 있지만, 히타이트에서는 ⫪✦▬ 전체를

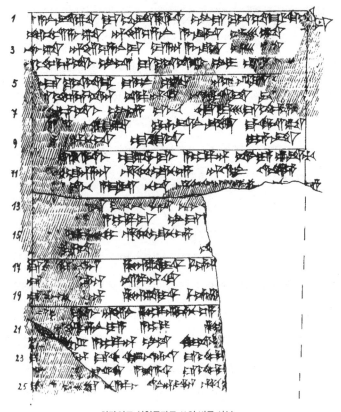

히타이트 설형문자로 쓰인 비문 사본

히타이트어 [아타스]라고 읽으며, '아버지'라는 뜻으로 사용하는
것이다.

　비유를 들어 수메르 기호와 아카드 기호를 설명하면 각각 다음
과 같이 된다. 다음 문장들의 발음은 모두 같은데, 앞의 문장은 ♡
라는 단어문자를 빌려다 그대로 단어문자로 사용한 것이며, 뒤의

문장은 LOVE를 빌리고 그 발음은 [러브]가 아닌 [사랑]으로 읽는 것이다.

neo-rul ♡-hea.

neo-rul LOVE-hea. (너를 사랑해)

히타이트어와 소쉬르

히타이트어의 발견은 인도유럽어족의 연구에도 큰 영향을 끼쳤다. 인도유럽어족의 모음 체계는 어느 정도 체계적이어서, 단모음 계열에서는 'pétomai / pe-pótēmai 날다, peíthō / pé-poitha 설득하다'와 같이 e와 o가 규칙적으로 대응하고 있다. 그런데 장모음에서는 'phāmi 말하다 / phōnē 소리'와 같이 이러한 대응이 잘 이루어지지 않으며, 어떤 이유로 이러한 현상이 발생하는지 제대로 설명할 수도 없었다.

이와 같은 장모음 계열의 불규칙한 대응에 중요한 가설을 세운 이는 현대 구조주의의 초석을 놓은 언어학자 소쉬르(Ferdinand de Saussure, 1857~1913)였다. 1879년 소쉬르가 세운 가설에 따르면, 인도유럽어족의 공통 조어에는 목구멍을 마찰해서 내는 후두음(喉頭音) 계열의 소리 ḫ가 있었는데, 이 소리들이 주변 모음의 소릿값을 변형시켜 모음 체계에 영향을 미친 후 소멸했다는 것이다. 즉, 후두음 계열의 소리 ḫ가 e, o 뒤에 오면 각각 장모음 ā, ō가 되는 경

표 1-11 히타이트어와 인도유럽어의 모음 체계

히타이트어	인도유럽어	뜻
pahs-	라틴어 pāscō, 산스크리트어 pā-	보호하다
mehur	고딕어 mēl cf. 라틴어 mē-tior	시간
newah-	라틴어 nouāre	새롭게 하다

우가 있다는 이론이다(e$\d{h}_2$→ā, e$\d{h}_3$→ō).

이 이론은 그저 추론에 의한 가설일 뿐 아무런 증거가 없어서 당시의 실증주의적인 분위기에서는 받아들여지지 않았다. 하지만 50여 년이 지난 후 히타이트어가 해독된 이후에 소쉬르가 후두음을 가정한 바로 그 위치에 후두음의 흔적으로 볼 수 있는 h 소리가 있었음이 확인되었고, 소쉬르의 방법론이 언어학적으로 그리고 과학적으로 가치를 얻게 된다. 결국 인도유럽어에서 장모음을 가진 단어는 대부분 히타이트어에서 후두음 h를 가진 것으로 확인되었다.

히타이트 제국

히타이트는 이집트와 아시리아의 기록에서는 각각 '헤타', '하티'로, 그리스도교의 성경에서는 '헷'이라는 이름으로 여러 번 등장하지만, 여러 소수민족 중 하나로 언급될 뿐이어서 어떤 민족에 관한 묘사인지는 명확히 밝혀지지 않았다. 특히 성경에서 히타이트

민족은 노아의 세 아들 중 함의 후손들로서 언급된다(창세기 10장 15절, 역대기 상권 1장 13절). 또한 아브라함이 자기 아내 사라의 시신을 안장했고 나중에 자신이 죽은 다음 함께 안장된 막펠라 동굴은 히타이트 사람들에게서 산 것인데(창세기 23장, 25장 9~10절), 이 이야기에서 히타이트 사람들은 아브라함의 덕을 높이 사서 아브라함에게 그 동굴을 거저 주겠다고 여러 번 제안했다. 나중에 이 막펠라 동굴에는 이사악, 레베카, 야곱, 레아가 모두 안장된다(창세기 49장 28~33절, 50장 13절). 야곱의 형 에사우는 히타이트 여인을 아내로 맞이하여 아버지 이사악의 눈에서 벗어난 적이 있으며(창세기 26장 34~35절), 다윗이 여인 밧세바를 차지하기 위해 죽음에 빠뜨린 충직한 군인 우리야도 히타이트 사람이었다(사무엘 하권 11장). 이스라엘이 고용한 것으로 묘사되는 나라들에서 히타이트 왕이 이집트 왕보다 앞서 나란히 기록된 것은 히타이트의 영향력이 은연중에 드러난 것이라고 이해할 수도 있다(열왕기 하권 7장 6절).

실제로 히타이트는 기원전 1700년부터 기원전 1200년까지 아나톨리아와 시리아 북부 지역에서 발흥한 거대한 국가로서, 이집트, 메소포타미아와 함께 오리엔트 3대 제국을 이루었다. 아나톨리아의 서부에는 호메로스의 서사시 덕분에 널리 알려진 트로이가 있었으나 실제로는 도시국가의 수준에서 벗어나지 못했으므로, 이 지역의 실질적 지배자는 히타이트라고 할 수 있다. 게다가 트로이에서 히타이트에서 사용되던 상형문자가 새겨진 인장이 발

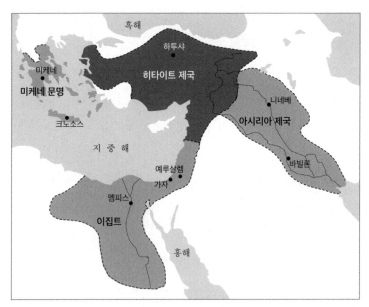

히타이트 제국

견된 것을 고려하면, 트로이도 히타이트의 영향력 아래에 있었던 것으로 보인다.

히타이트는 당시 근동의 다양한 기술을 적극적으로 받아들여 발전하며, 본격적으로 철기 기술을 이용한 것으로 잘 알려져 있다. 또한 히타이트는 말을 더 강하고 많은 무게를 실을 수 있게 훈련시켜서 3인승 마차를 개발했는데, 한 대의 마차에 두 명의 병사를 태워 한 명은 마차를 조종하고 다른 한 명은 활을 쏘는 이집트의 2인승 마차보다 더 앞선 것이다. 게다가 죄의 대가를 신체에 대한 형벌이 아니라 배상금으로 치르게 하는 등 수준 높은 법 제도를 가지고 있었는데, 이는 당시 인근 국가에서 시행되던 '눈에는 눈, 이에는 이'라는 동태복수(同態復讐)보다 더 발달된 의식이 담긴 것이라 할 수 있다.

히타이트는 기원전 1200년경 역사의 전면에서 갑자기 사라진 후 철저하게 잊혔다. 기원전 450년경 그리스의 역사가 헤로도토스가 히타이트 유적을 보기는 했지만, 그는 그 유적들이 이집트가 소아시아 지역까지 진출한 증거라고만 생각했다고 한다. 기원전 10세기 이후 히타이트가 다스리던 지역은 고대 그리스 문명의 영향권에 들어갔다가 페르시아, 로마, 동로마(비잔티움) 제국의 지배를 받았고, 1071년 셀주크투르크 제국과 1300년 오스만투르크의 침공 이후 이슬람 문화권이 되어 오늘날에 이른다.

히타이트가 활약하던 지역인 아나톨리아는 아시아 대륙의 서쪽 끝인데, 아시아와 유럽을 연결하는 지역으로서 지금도 지정학적으로 중요한 위치에 놓여 있다. 아나톨리아는 '해 뜨는 곳'이라는 뜻의 그리스어 '아나톨레(Ανατολή)'에서 나온 말인데, 이 지역이 그리스인들의 입장에서 동쪽에 위치하고 있어서 붙은 명칭이다. 로마인들은 '작은 아시아'라는 뜻의 소아시아(Asia Minor)라고 불렀는데, 이 지역의 모양이 당시에 알려진 아시아 대륙의 모양과 일치한다고 생각했기 때문이다.

루위어 상형문자

히타이트가 다스리던 아나톨리아 지역에서 사용되던 문자는 히타이트 설형문자 외에 상형문자가 하나 더 있었는데, 이 상형문자는 히타이트 설형문자가 소멸된 이후에도 몇 백 년 동안 더 사용되었다. 이 문자가 발견된 지역이 히타이트 제국이 있던 지역과 일치하므로, 꽤 오랫동안 이 상형문자가 히타이트어를 기록한 것으로 오해되어 히타이트 상형문자(Hittite hieroglyphs)라는 이름으로 알려져 있었다. 최근 많은 연구를 통해 이 문자들이 루위어를 기록한 것으로 밝혀졌기 때문에, 지금은 루위어 상형문자(Luwian

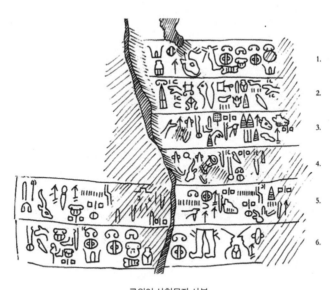

루위어 상형문자 사본

hieroglyphs) 또는 조금 폭넓은 이름으로 아나톨리아 상형문자 (Anatolian hieroglyphs)라고 불린다. 루위어는 히타이트어와 같은 어 파에 속하는 언어이며, 루위어를 사용하는 민족이 기원전 900년 경 후기 히타이트 시대를 주도하고 또한 히타이트의 전통을 보전 했으므로, 넓은 의미에서 히타이트 문자에 속한다고 보아도 좋을 것이다.

루위어 상형문자가 어떻게 시작되고 발전했는지는 아직 밝혀지 지 않았다. 크레타 상형문자 또는 파이스토스 원반 문자와 동일한 기원이라고 보는 의견도 있으나 명백한 증거는 없다. 영문 이름에 포함되어 있는 hieroglyph는 이 문자가 이집트 문자처럼 상형의 원 리로 만들어졌다는 뜻일 뿐, 이집트 문자의 영향을 받았다는 뜻 은 아니다.

현재까지 500개의 기호가 발견되었으며, 일부는 단어문자의 특 징을 가지고 있고 일부는 음절문자의 특징을 가지고 있다. 같은 단어가 여러 가지 방식으로 표현되는데, ⬥D는 '사람'이라는 뜻의 단어문자이며, ↑◫ ໖은 각각 zi, ti, sa라는 음절문자로서 '사람' 이라는 뜻의 루위어 단어 tsitis를 나타낸 것이다. 한편 ⬥D ◫ ໖와 같이 기본적으로는 단어문자로 표기하면서 그 뒷부분의 발음을 함께 나타내기 위해 음절문자를 뒤에 덧붙인 혼합 표기도 보인다. 이러한 혼합 표기는 소리지시자(phonetic indicator) 또는 소리 보충 성분(phonetic complement)이라고 하는데, 단어문자에는 표현되지 않는 소릿값을 나타내려는 시도에서 고안된 것으로서, 표의문자가 표음문자로 변화하는 과정을 보여준다.

표 1-12 **루위어의 표기**

루위어	tsitis	wawis	istris	annatti
단어문자 표기	"사람"	"소"	"손"	"어머니"
음절문자 표기	zi-ti-s(a)	wa/i-w(a/i)-i-s(a)	i-s(à)-t(a)-ra/i-s(a)	
혼합 표기	"사람"-ti-s(a)	"소"-wa/i-s(a)	"손"-t(a)-ra/i	"어머니"-na-tí

　　이와 같은 혼합 표기는 우리나라에서도 훈민정음이 만들어지기 전 단어문자인 한자를 빌려다 우리말을 표기하던 시기에 사용한 적이 있다. 간단하게 예를 들면 다음과 같다.

표 1-13 **한자를 빌려서 표기한 우리말**

옛 한국어 (현대 한국어)	ᄆᆞᅀᆞᆷ (마음)	ᄀᆞ술 (가을)	별 (별)	즈믄 (천, 1000)
단어문자 표기	心 "마음"	秋 "가을"	星 "별"	千 "천"
혼합 표기	心音 "마음"-(으)ㅁ	秋察 "가을"-술	星利 "별"-ㄹ(ㅣ)	千隱 "천"-(으)ㄴ

　　루위어 상형문자와 음절문자 중 일부를 제시하면 다음과 같다.

표 1-14 루위어 상형문자 목록

나	아이	여자	조상	빵	술
소	개	새	말	토끼	양
하늘	해	달	우레	동쪽	서쪽
머리	눈	손	주먹	다리	발
도시	왕	왕국	길	산	신
전차	집	망치	꽃병	끌	뿔
좋다	나쁘다	길다	크다	모두	함께
말하다	듣다	주다	묶다	권하다	놓다

표 1-15 루위어 음절문자 목록

	a	i	u
–			
h			
k			
l			
m			
n			
p			
r			
s			
t			
w			–
z			

2장

문자의 확산

원시 시나이 문자
이집트에 살던 셈족의 문자

- **시기** 원시 시나이 문자: 기원전 1900년경~기원전 1700년경
  원시 가나안 문자: 기원전 1700년경~기원전 1500년경
- **지역** 원시 시나이 문자: 시나이 반도, 원시 가나안 문자: 가나안
- **특징** 표음문자-자음문자
- **언어** 셈어파의 언어

십계명을 기록한 문자

1904년부터 이듬해까지 시나이 반도에 위치한 세라비트 엘카뎀(Serabit el-Khadim)에서 고대 이집트의 터키석 광산을 발굴하던 영국인 고고학자 피트리(Flinders Petrie, 1853~1942)는 조그만 돌 스핑크스를 발견한다. 여기에는 이집트 성각문자와 비슷하게 생긴 문자가 쓰여 있었으며, 이 문자는 시나이 반도의 이름을 따서 원시 시나이 문자(Proto-Sinaitic script)라고 불리게 되었다.

원시 시나이 문자의 발생지

피트리는 이 스핑크스를 만든 이들이 기원전 1800년경부터 기원전 1600년경까지 이 지역에 살던 셈족 노동자들일 것이라고 추정했다. 시나이 반도는 오래전부터 고대 이집트인들이 구리와 터키석을 발굴해온 곳이었으며, 특히 가나안 지역에서 온 셈족 사람들이 이곳에 있는 광산에서 채굴 작업에 종사했던 사실을 고려한 것이다.

그리스도교의 성경에 의하면, 시나이 반도는 노예로 살던 히브리인들이 이집트에서 탈출해 오는 도중에 40여 년간 방랑 생활을 한 곳이다. 그래서 이 문자가 발견된 초기에는 모세가 시나이 산에서 받은 십계명(탈출기/출애굽기 19~20장 참고)을 기록한 문자라고 생각하기도 했지만, 이를 증명할 만한 증거는 아직 발견되지 않았다. 다만 시나이 반도는 이집트와 가나안 지역 사람들이 서로 빈번하게 교류하던 장소였으므로, 원시 시나이 문자는 광야를 떠돌아다녔던 히브리인들의 언어와 어떤 식으로든 관련이 있을 것이다.

돌 스핑크스에 적힌 내용

원시 시나이 문자는 고대 이집트어가 아니라, 가나안 지역에서 사용되는 셈어 계통의 언어로 해독될 수 있다. 셈어 계통의 언어에는 히브리어, 에티오피아어, 아랍어 등이 있으며, 셈어는 고대 이집트어와 함께 아프리카아시아어족이라는 더 큰 범주에 포함된다.

시나이 반도 터키석 광산에서 발견된 돌 스핑크스

스핑크스 사진 아랫부분에 비스듬하게 쓰여 있는 문자를 옮겨 쓰면 다음과 같다. 이 중 음영으로 된 부분(오른쪽)에 있는 네 개의 글자는 다른 부분에도 여러 번 반복되어 나온다.

원시 시나이 문자가 발견되고 10년이 흐른 1916년, 영국인 고고학자 가디너(Alan Gardiner, 1879~1963)는 반복되는 글자를 셈어를 기반으로 하여 '바알라트'라고 해독한다. 바알라트는 가나안 지역에서 숭배된 농경신 '바알'의 여성형이다. 셈족 사람들은 이집트의

여신 하토르를 자신들에게 익숙한 신의 이름을 빌려 바알라트라고 부른 것이다. 하토르는 이집트에서 사랑과 행복, 풍요를 관장하는 신이며 또한 광산의 수호신으로 공경받고 있었으므로, 돌 스핑크스에 적힌 내용은 광산에서 일하는 셈족 노동자들이 하토르에게 바친 봉헌문인 셈이다.

◻️𝒶୨Ⳁ는 이집트 문자로 각각 '집, 눈, 소몰이 막대, ×표'를 나타내지만, 이집트어가 아니라 셈어로 읽으면 각각 beth(집), 'en(눈), lamd(소몰이 막대), tāw(×표)가 된다. 이를 각 단어의 첫소리만 따서 읽으면 b-'-l-t(즉, b'lt)라는 단어가 되며, 이를 [Baalat]라고 읽는다. 이집트 문자는 상형문자이지만 이를 표음문자 식으로 읽은 것이 해독의 실마리가 되었다. 다음 그림의 첫 행 오른쪽 끝 네 글자 ◻️𝒶𝑒Ⳁ 역시 b'lt로 읽을 수 있다. Baalat를 b'lt로 적는 데에서 알 수 있듯이, 원시 시나이 문자는 표음문자 중 자음문자이며, 모음은 따로 표기하지 않는다.

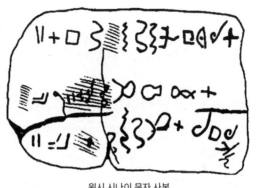

원시 시나이 문자 사본

이처럼 각 글자가 나타내는 단어의 첫소리를 그 글자의 소릿값으로 받아들이는 방법을 '어두음(語頭音) 원리(acrophonic principle)'라고 한다. 이를테면 이집트 문자 ▬는 이집트어에서는 '물'이라는 뜻의 nt이지만, (셈어에서 '물'은 mem이므로) 셈어를 기록한 원시 시나이 문자에서는 글자의 이름이 mem이 된다. 그리고 이 글자는 이름의 첫소리 [m]을 나타낸다. 또한 '집' 그림 ☐은 셈어에서 '집'을 나타내는 단어 beth의 첫소리 [b]가 된다. 이와 같은 방식으로 셈어에 차용된 이집트 문자는 새로운 소릿값을 가지게 된다. 얼핏 보면 단어를 나타내는 단어문자처럼 보이지만, 실제 의미와 상관없이 그 단어의 첫 소릿값을 나타내는 것이다.

비유를 하자면, 사람, 라디오, 해의 그림으로 각각 '사람, 라디오, 해'라는 단어의 첫소리 ㅅ-ㄹ-ㅎ을 나타낼 수 있다. 이런 식으로 아래 그림의 연쇄는 '사랑해'라는 뜻을 가진다. USA, DNA, FAQ, MRI, JPG 등과 같은 표기도 넓은 의미에서는 어두음 원리를 따른 것이다.

보통 사람들의 문자

원시 시나이 문자로 기록된 자료는 현재까지 약 40여 개가 발견되었으며, 해독된 원시 시나이 문자에는 27개 내지 29개의 기호

표 2-1 원시 시나이 문자

이집트 문자	원시 시나이 문자	소릿값	나타내는 단어	뜻
		ʾ	ʾalp	황소
		b	beth	집
		g	gimel	막대기
		d	daleth	물고기
		h	he	환호하는 사람
		w	waw	장식용 지팡이
		ḥ	heth	울타리
		y	yad	팔
		k	kapf	손
		m	mem	물
		n	naḥs	뱀
		ʿ	ʿen	눈
		r	roʾs	머리
		t	tāw	×표

가 포함되어 있다. 문자의 모양은 대부분 이집트 성각문자 또는 사제문자를 변형한 것으로서, 셈어 화자들은 이집트 문자에서 문자의 개념과 용법, 모양 등을 차용하여 자신들의 언어를 표기했다.

원시 시나이 문자가 가진 가장 큰 의의는 표의문자인 이집트 문자를 표음문자 방식으로 이용했다는 점에 있다. 즉, 원시 시나이 문자에서부터 하나의 문자기호가 단어를 표기하는 것이 아니라 하나의 소리를 표현하는 데에 본격적으로 사용되어, 한 언어를 기록하는 데에 필요한 문자의 수를 대폭 줄여주었다. 이런 의미에서 원시 시나이 문자는 표음문자의 초기 형태를 보여주며, 문자가 널리 퍼질 수 있는 계기가 되었다.

또한, 일반 대중도 문자를 이용하기 시작했다는 점에서도 원시 시나이 문자는 중요한 의의가 있다. 광산에서 힘들게 일하는 노동자들이 자신들의 필요에 의해 문자를 활용하기 시작함으로써, 문자가 사제나 서기와 같은 특수 계층에 독점되지 않고 보편적으로 퍼질 수 있는 계기가 된 것이다.

이후 원시 시나이 문자는 가나안 지역으로 전파되어 페니키아의 문자로 이어지며 현재 사용되고 있는 대부분 문자들의 탄생에 큰 영향을 미친다.

와디 엘홀에서 발견된 문자

최근 원시 시나이 문자보다 더 이른 시기에 사용된 것으로 보이는 문자가 이집트 본토에서 발견되었다. 1999년 현대 이집트 중부의 룩소르(옛 테베) 근처 와디 엘홀(Wadi el-Hol)의 천연 석회암 절벽에 새겨진 문자가 바로 그것이다. 이 지역은 피라미드를 건설하기 위해 동원된 아시아의 노동자들이 살던 지역으로 알려진 곳이다.

와디 엘홀에서 발견된 문자는 원시 시나이 문자보다 200~300년 앞서 사용된 것으로 추정되지만, 원시 시나이 문자와 매우 유사해서 이 두 문자가 어떤 식으로든 관련이 있을 것이라 여겨진다. 만약 원시 시나이 문자와 와디 엘홀의 문자가 관련이 있다면, 이집트에 살고 있던 셈족 노동자들이 매우 이른 시기부터 이집트 문자를 본떠 자신들의 문자를 만들었다는 증거가 될 것이다.

와디 엘홀 문자

와디 엘홀 문자 사본

원시 가나안 문자

시나이 반도에서 떨어진 가나안 지역에서도 원시 시나이 문자
와 비슷한 문자들이 여러 종류 발견되었는데, 이를 원시 가나안
문자(Proto-Canaanite script)라고 한다. 학자에 따라서는 원시 시나
이 문자와 원시 가나안 문자를 동일한 것으로 취급하기도 한다.
이런 견해에 따르면, 비슷한 문자를 그 문자가 발견된 지역에 따라
원시 시나이 문자, 원시 가나안 문자로 구분하는 것이다. 〈표 2-2〉

표 2-2 원시 시나이 문자(윗줄)와 원시 가나안 문자(아랫줄)

ḥet	waw	haw		digg	gaml	bet	ʾalp
ḥ	w	h	ḏ	d	g	b	ʾ
courtyard	hook	hurrah	?	fish	throwstick	house	ox
ʿen	šamk	naḥš	mem	lamd	kap	yad	ḥa
ʿ	ś	n	m	l	k	y	ḥ
eye	?	snake	water	goad	hand	arm	yam
taw	šimš	ṭann	raˋs	qup	ṣad	piˊt	ǧa
t	š	ś/ṯ	r	q	ṣ	p	ǧ
owner's mark	sun	bow	head	monkey	plant	corner(?)	?

는 원시 시나이 문자와 원시 가나안 문자를 나란히 보인 것이다.

반면, 다음에 살펴볼 페니키아 문자의 초기 단계를 원시 가나안 문자라고 부르는 경우도 있다. 이 경우 기원전 1050년을 기점으로 그 이전의 문자는 '원시 가나안 문자', 그 이후의 문자는 '페니키아 문자'라고 부른다. 어떤 의견에 따르든, 원시 시나이 문자는 원시 가나안 문자를 거쳐 페니키아 문자로 발전한 것으로 이해할 수 있다.

페니키아 문자

알파벳 혁명, 세계 문자의 탄생

- **시기** 기원전 1100년경~기원후 300년경
- **지역** 레반트
- **특징** 표음문자-자음문자
- **언어** 페니키아어

레반트, 문명의 교차로

지중해 동쪽에 닿아 있는 아시아 서쪽 끝 지역은 오래전부터 지금까지도 매우 중요한 곳이다. 이곳은 동쪽으로는 메소포타미아를 거쳐 아시아 중부 지역으로 이어지고, 서쪽으로는 아나톨리아와 지중해, 남쪽으로는 아라비아 반도와 아라비아 해, 북쪽으로는 흑해와 카스피 해 지역 등과 접해 있어서 지리적으로 개방된 교통의 중심지였다. 이 때문에 문명이 발생한 초기부터 주변 여러 민족의 침입을 자주 받았고 여러 나라의 흥망이 빈번히 일어났다.

오랫동안 유사한 문화를 보전해왔으며, 동일한 역사적 배경을 지니고 있는 이 지역이 역사적으로 얼마나 중요했는지를 잘 보여주는 것이 바로 이 지역을 이르는 명칭의 다양성이다. 유럽에서 바라볼 때 동쪽에 있는 이 지역은 '가나안, 팔레스타인, 메소포타미아, 오리엔트, 근동, 중동, 레반트' 등 다양한 용어로 불린다. 이 용어들이 실제 아우르는 범위는 조금씩 차이가 있지만, 서아시아 역사의 복잡성과 민족 교류의 다양성이 이 용어들에 잘 드러난다.

가나안(Canaan)은 지중해와 요르단 강 사이에 있는 지역의 옛날 명칭이다. 가나안이라는 이름의 기원은 히브리 성경에서 노아의 손자 이름으로 등장하며(창세기 9장 18~27절, 10장 6절), 히브리인들에게 약속된 땅으로 묘사된다(민수기 34장 1~12절). 팔레스타인(Palestine)은 현재 이스라엘과 팔레스타인국(요르단 강 서안 지구 및 가자 지구)을 가리키는 용어다. 이 단어는 성경에 등장하는 종족 이름인 필리스티아(블레셋)에서 나왔다.

메소포타미아(Mesopotamia)는 티그리스 강과 유프라테스 강 사이의 여러 지역, 특히 현대의 이라크를 중심으로 해서 시리아 동북부, 이란 서남부 지역을 가리킨다. 그리스어로 '강과 강 사이'라는 뜻으로서, 기원전 4세기 알렉산드로스 왕 시대 이래로 이 지역을 일컫는 용어로 사용되었다. 오리엔트(Orient)는 로마 시대에 로마 동부 및 로마 외부의 여러 나라를 가리키는 용어로 사용되었으며, 서양사에서는 특히 고대 이집트, 메소포타미아를 통틀어 지칭한다. 이 단어는 '떠오르는, 동쪽'이라는 뜻을 가진 라틴어 oriens에서 유래했다. 하지만 유럽을 중심으로 세계를 바라볼 때 유럽과 다른 지역을 총칭하는 차별적 용어로 사용해왔기에 때로 비판받기도 한다.

근동(近東, Near East)은 서아시아는 물론 튀르키예, 북아프리카, 아라비아 반도 등을 모두 포함하는 개념으로, 원래 1683년 당시 오스만 제국의 최대 영토를 지칭하는 데에서 유래한 말이다. 유럽과 가까운 동쪽이라는 뜻이다. 이와 비슷하게 중동(中東, Middle East)은 19세기 이후 영국이 인도의 서쪽 지역을 식민지로 만들 때 고안된 개념이다. 아시아를 극동, 근동으로 구분할 때에 그 가운데 있는 지역이라는 뜻이다. 처음에는 이란, 아프가니스탄 주변 지역을 가리키다가 이후 서아시아와 아프리카 동북부 지역을 모두 가리키게 되었으며, 요즘에는 이슬람 문명을 이르기도 한다. 근동과 중동은 모두 유럽의 시각에서 아시아의 지리적 거리를 지칭한 것이다. 이에 따르면 한국, 중국, 일본 등이 위치한 동아시아는 극동(極東, Far East)이 된다.

레반트(Levant)는 '동쪽, 떠오르는'이라는 뜻의 이탈리아어에 기원을 둔 단어로, 이탈리아에서 바라봐서 해가 떠오르는 동쪽 지역을 폭넓게 의미한다. 그리스, 튀르키예, 이집트 등까지 포함하는 용어로 사용되기도 했는데, 현재는 이스라엘, 팔레스타인국, 시리아, 요르단, 레바논 등의 나라들을 주로 가리키며, 이라크 북서부 및 시나이 반도까지 포함하는 경우도 있다.

페니키아 문자

기원전 20세기부터 레반트 지역에서는 문자를 만들려는 다양한 시도가 있었으며, 또한 이미 이 지역에서 오래전부터 사용되고 있던 설형문자는 물론, 이집트 문자와 크레타 섬의 문자들, 히타이트 문자 등 다양한 문자들이 소개되었다. 그렇기에, 페니키아를 비롯한 레반트 지역 사람들은 일찍부터 문자의 효용과 가치를 알고 있었다. 아울러 여러 문명권이 만나 교역하는 과정에서 여러 언어를 쉽고 빠르게 표기할 수 있는 문자의 필요성이 점차 증가했다.

이러한 배경에서 기존의 문자들을 활용해 새로운 문자가 만들어졌는데, 이것이 바로 페니키아 문자(Phoenician alphabet)다. 페니키아 사람들은 지중해 주변 여러 곳에 자신들이 만드는 문자를 선파하여 기원전 1050년부터 기원전 850년까지 페니키아 문자는 이

페니키아 문자 비문 사본

(왼쪽) 페니키아 사람이 페니키아 문자를 쓰고 있는 모습을 그린 레바논 우표
(오른쪽) 아히람 석관을 그린 레바논 우표. 상단에 페니키아 문자가 보인다.

지역 제1의 문자의 위치를 차지한다. 이 문자는 서쪽으로는 그리스 문자를 거쳐 현재 세계에서 가장 널리 사용되는 라틴 문자로 이어졌으며, 동쪽으로는 아람 문자를 거쳐 히브리 문자, 아랍 문자를 포함한 아시아 여러 문자의 선조가 된다. 현재 세계에서 사용하고 있는 대부분의 문자는 바로 페니키아 문자에 기반을 두고 있는 것이다.

페니키아 문자는 원시 가나안 문자에서 발전했으며, 대체적으로 기원전 1050년 이후의 것을 페니키아 문자라고 구분한다. 원시 가나안 문자는 원시 시나이 문자와 더불어 이집트 성각문자에서 발전한 것이므로, 지금 지구상에서 사용하고 있는 대부분의 문자는 간접적으로는 이집트 문자에 기원을 두고 있으며, 직접적으로는 페니키아 문자의 표음성을 따른 것으로 볼 수 있다.

페니키아 문자에서는 한편으로 우가리트 설형문자, 비블로스 문자의 영향도 보인다. 페니키아 문자로 기록된 가장 오래된 유물은 1923년 비블로스에서 발굴된 석관이다. 이 석관은 기원전 11세기경 이 지역을 다스렸던 아히람 왕의 것으로서, 석관의 뚜껑에는 도굴을 막기 위한 저주의 글이 페니키아 문자로 쓰여 있다.

　기원후 17세기경 페니키아 문자가 처음 발견되었을 때에는 이집트 문자의 변종이라고 생각되기도 했으나 19세기 이후 해독되면서 기원이 밝혀졌다. 2005년 페니키아 문자 자료는 유네스코 세계기록유산에 등재되었다.

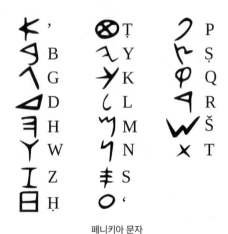

페니키아 문자

　페니키아 문자는 모두 스물두 개로서, 하나의 문자기호가 하나의 소릿값을 가지는 표음문자이며, 특히 자음을 나타내는 자음문자다. 페니키아 문자는 인류가 사용한 최초의 알파벳(표음문자)이라고 할 수 있다.

　사실 이집트 성각문자도 하나의 문자가 하나의 자음을 나타내는 경우가 있었다. 하지만 이집트 문자는 수천 개의 문자 중에서 극히 일부 문자만이 소리를 표시했으며, 대부분은 단어문자 또는 의미지시자로만 사용되었다. 자음문자로 사용된 문자기호일지라도 문맥에 따라 단어문자나 의미지시자로 읽어야 했기에, 서기와 같이 전문적인 훈련을 받은 사람들만이 이해할 수 있을 만큼 복잡한 체계였다.

또한 앞서 살펴본 와디 엘홀 문자, 원시 시나이 문자, 원시 가나안 문자도 자음문자로서 페니키아 문자의 발달에 영향을 주기는 했다. 하지만 이 문자들은 현재 아주 제한된 자료만 남아 있을 뿐만 아니라 후대에 끼친 영향력도 매우 제한적이어서 페니키아 문자에 비길 수 없다.

페니키아

페니키아는 기원전 15세기 무렵부터 레반트 지역에서 주요한 역할을 했던 셈족들의 공동체를 이르는 말이다. 페니키아는 지형이 복잡해서 교류가 쉽지 않았기에 정치적 통일을 이루지 못했는데, 이는 고대 그리스가 여러 도시국가들의 연맹체인 것에 비견된다. 따라서 페니키아는 하나의 통일된 나라가 아니라, 지중해 해안을 따라 건설된 도시국가들을 통틀어 부르는 말이다. 처음에 발달한 항구도시는 비블로스였으며, 점차 시돈, 티레 등 여러 도시로 확대되었다.

비블로스, 시돈, 티레 이 세 도시가 페니키아에서 가장 발달한

페니키아의 여러 도시국가

도시였기 때문에, 이 도시들 중 하나의 이름이 시대에 따라 페니키아 전체를 가리키기도 했다. 예를 들면, 비블로스와 접촉했던 이집트인들은 나중에 티레와 교역을 하면서도 티레의 선박을 '비블로스 선박'이라고 불렀다는 기록이 있다. 또한 시돈이 제일 번성한 도시였을 때에는 페니키아 사람들을 시돈 사람들이라 불렀으며, 마찬가지로 티레 또한 페니키아 전체를 가리키는 데 쓰였다.

비블로스(Byblos)는 현재 레바논의 주바일(جُبَيْل)이다. 기원전 8000년경 신석기 시대부터 사람이 지속적으로 거주해온, 세계에서 가장 오래된 도시 중 하나다. 히브리 성경에서는 '그발'로 나타난다(여호수아 13장 5절). 비블로스는, 당시 이집트에서 수입한 파피루스를 이곳을 통해 지중해의 다른 지역으로 수출했기 때문에 붙여진 이름이다. 비블로스는 '책, 종이'를 의미하는 그리스어

2장 | 문자의 확산

biblio(βιβλίο)에서 유래했다. 성경을 뜻하는 '바이블(bible)'도 비블로스와 관련이 있는 단어다.

시돈(Sidon)은 현재 레바논의 사이다(صيدا)다. 시돈은 히브리 성경에서 노아의 손자인 가나안의 맏아들 이름으로 처음 등장하며(창세기 10장 15절), 바알 신을 숭배하는 사람들로 묘사되어 있다(열왕기 상권 16장 31절, 열왕기 하권 23장 13절, 판관기/사사기 10장 6절, 에제키엘 28장 22절 등).

티레(Tyre)는 현재 레바논의 수르(صور)이며, '티로스, 티로, 두로' 등으로 다양하게 표기된다. 성경에서는 시돈과 더불어 언급되는 경우가 많으며(예레미아 47장 4절, 마태오복음 15장 21절, 사도행전 12장 20절 등), 여러 이방 도시 중 가장 가혹한 심판을 받는 것으로 기록되었다(에제키엘 27장, 아모스 1장 9~10절, 이사야 23장 등). 나중에 시돈보다 더 크게 발달했다.

페니키아는 백향목(향백나무, 송백나무, 레바논 삼나무, cedar of Lebanon)이라는 품질 좋은 나무로 유명했다. 이 나무는 추운 곳에서 생장하기 때문에 재질이 굳으며 높고 크게 자라므로 건축재로 많이 이용되었다. 페니키아는 이집트, 바빌로니아 등에 이 나무를 수출해 번영할 수 있었다. 또한 배와 항해에 관한 기술이 발달했으며, 재목을 다듬는 건축기술자들이 많은 것도 이 같은 이유에서였다.

백향목이 그려진 레바논 국기

히브리 성경에는 백향목이 얼마나 소중하게 사용되었는지 잘 묘사되어 있다. 다윗과 솔로몬은 성전을 짓기 위해 페니키아산 나무를 준비했으며(역대기 상권 22장 4절, 열왕기 상권 5장 15~24절), 성전 중요한 곳을 이 나무로 장식했다(열왕기 상권 6장 9~15절, 7장 2~12절). 또한 성전을 수리할 때에도 레바논의 백향목을 사용했다(에즈라 3장 7절). 또한 이 나무는 정결예식에서도 사용되었다(레위 14장 4절).

페니키아는 자주색(진홍색, 심홍색) 염료와 발달한 염색 기술로도 유명했다. 당시 자주색은 페니키아의 지중해 연안에서 채집된 소라, 조개 등에서 채취했는데 소라나 조개 한 개에서 얻을 수 있는 염료가 고작 한 방울 정도에 불과했기에 매우 귀한 색으로 취급되었다. 신약성경에서 예수가 입은 옷 색깔이 자주색으로 묘사되어 있으며(마르코복음 15장 20절), 로마와 비잔티움에서도 황제나 고위 성직자들의 옷 색깔로 사용되었다. 영어에서도 born to the purple이라는 표현은 '왕가에서 태어난, 특권 계급에 속하는'이라는 의미를 가진다. 우리나라 신라 시대에도 보라색은 성골과 진골을 나타내는 색이었다.

페니키아산 자주색은 그리스인들에게 잘 알려져 있어서, 그리스어에서 페니키아를 뜻하는 포이닉스(phoinix)는 '자주색, 소라'라는 뜻도 가졌다. 그리스 신화에서도 "티레산 보라색 천을 씌운 긴 의자"(피그말리온), "티레산 염료로 물들인 자주색 실"(아테네와 아라크네) 등으로 표현되어 있다. 페니키아의 티레는 티리언퍼플

(Tyrian Purple, 적자색赤紫色)이라는 색채 이름에 지금까지 남아 있다.

이처럼, 페니키아가 위치한 레반트 지역은 여러 문화와 문명이 만나는 곳이었다. 페니키아는 기원전 3000년 이전부터 이집트와 교역을 해왔으며, 이집트산 파피루스를 다른 지역에 되팔아 부를 축적했다. 또한 지중해 여러 곳에서 실려 온 물건들과 백향목, 자주색 염료, 포도주, 향신료 등 페니키아와 내륙의 여러 물건이 교환되면서 상업이 발달했다. 이집트와 크레타, 히타이트 등의 영향력이 약해진 후 페니키아는 지중해에서 주도권을 행사하게 되며, 이후 메소포타미아 문명과 이집트 문명 등 동양의 문명을 서방에 전하는 중요한 역할을 한다.

페니키아 사람들은 발달한 항해술을 바탕으로 지중해 연안에 많은 도시를 세우고 식민지를 건설했다. 이들은 남유럽과 북아프리카는 물론 지중해 끝 스페인 남부까지 진출했으며(열왕기 상권 10장 22절) 이후 대서양으로 나아갔다. 기원전 2~3세기 로마와 세 번에 걸쳐 포에니 전쟁을 벌인 카르타고 역시 페니키아 사람들이 세운 식민도시였다('포에니'는 페니키아 사람들이라는 뜻이다).

페니키아 사람들은 기원전 600년경 홍해에서 출발해 아프리카 동쪽 해안을 따라 아프리카를 일주했다. 이는 1497년 바스쿠 다가마의 아프리카 일주보다 2,000년 앞선 일이다. 그리스의 역사가 헤로도토스는 자신의 저서 《역사》에서 해가 오른쪽에 떠 있었다는 페니키아인들의 기록을 믿지 않는다고 했지만(Hdt. 4.42.4), 이 기록이야말로 페니키아인들이 아프리카를 일주한 명확한 증거다.

남반구에서는 북반구와는 반대로 태양이 정오에 북쪽으로 치우쳐 있어서 서쪽을 향해 항해할 때에는 오른쪽, 즉 북쪽에서 보이기 때문이다.

페니키아 사람들은 셈어를 사용하는 가나안인이다. 이들은 원래 팔레스타인에도 거주했지만, 히브리인이 이 지역에 정착함에 따라 북쪽에 한정해 거주하게 되었다(마르코복음 7장 24~26절, 마태오복음 15장 21~22절 참고).

알파벳 혁명

하나의 문자가 하나의 소릿값을 가지는 표음문자가 만들어지고 당시 세계의 중심이라고 할 수 있는 지중해를 중심으로 널리 퍼진 것은 인류 역사에 큰 획을 그은 혁신적 사건이다. 이를 알파벳 혁명이라고 한다.

표음문자가 얼마나 혁명적인 것인지는 다른 문자들과 비교해보면 쉽게 알 수 있다. 이를테면 메소포타미아의 설형문자, 이집트의 성각문자 및 중국의 한자 등은 기본적으로 표의문자이며 단어문자다. 따라서 그 언어에 있는 단어의 수만큼 문자가 필요하며, 문자 생활을 원활하게 하기 위해서는 수천 개가 넘는 문자를 익혀야 한다. 그렇기 때문에 문자를 배울 기회가 없는 이들은 자신들의 지식을 후세에 남기는 데 어려움이 있었고, 이미 축적된 지식에 접근하는 데에도 한계가 있었다.

하지만 표음문자를 사용하게 되면 한 언어의 말소리를 전부 기록하는 데에 필요한 문자의 수가 대폭 줄어든다. 한 언어가 가진 소리(음소)의 수는 보통 30~40개에 불과하다. 이처럼 적은 수의 문자기호는 누구나 쉽게 배울 수 있고 간편하게 사용할 수 있다. 따라서 자신의 생각을 기록하고 널리 전파하는 일이 쉬워졌으며, 특정 계층, 특정 권력 집단에게만 독점되었던 지식에 누구나 용이하게 접근할 수 있게 된다.

페니키아 문자와 히브리 성경

페니키아어는 아프리카아시아어족 셈어파 가나안어군에 속하는 언어로서, 같은 어군에 속하는 히브리어와도 매우 유사했다. 바빌론으로 잡혀갔던 히브리인들이 함께 잡혀간 페니키아 사람들의 영향을 받았기 때문에 히브리 성경 중 신명기의 기록 방식은 페니키아의 역사 기록 방식과 공통점이 있다고 한다. 이스라엘의 사해 주변에서 발견된 성경의 사본 중에는 다른 부분은 히브리 문자로 적혀 있지만 신의 이름을 나타내는 부분은 페니키아 문자로 기록된 것이 있어서, 초기 성경이 페니키아 문자와 관련 있음을 보여주기도 한다.

히브리인들의 이집트 탈출을 다룬 영화 〈십계〉(1956)에서는 모세가 들고 있는 십계명 돌판에 히브리어가 페니키아 문자로 새겨진 것으로 묘사되어 있다.

영화 〈십계〉에 등장한, 십계명이 새겨진 석판

이 중 오른쪽 석판의 첫 두 행은 다음과 같이 옮겨 쓸 수 있다
(왼쪽에서 오른쪽으로 읽는다).

이 문장은

'NKY

YHWH 'LHYK

라고 옮길 수 있으며, 모음을 넣어서 읽으면

2장 ㅣ 문자의 확산

'ānōk̲î yəhwâ 'ĕlōheyk̲ā

가 된다.

이는 "나는 야훼 너의 하느님이다."(신명기 5장 6절)라는 뜻이다. 이후 만들어진 다른 영화에서도 페니키아 문자로 십계명이 기록되어 있다.

비블로스 문자

- **시기** 기원전 1800년경~기원전 1500년경
- **지역** 레반트
- **특징** 표음문자-음절문자
- **언어** 셈어파의 언어

페니키아 문자 이전에 페니키아에서 사용되던 문자 중 하나는 비블로스 문자(Byblos writing) 또는 비블로스 음절문자(Byblos syllabary)라고 불리는 것이다.

비블로스 문자는 돌이나 금속 비문 위에 기록되어 있는데, 현재까지 10여 개의 비문이 발견되었다. 이 문자는 글자의 모양이 이집트 성각문자와 비슷하다는 이유로 '유사성각문자'라고 불리기도 한다(다음 그림에서 □ 표시를 붙인 글자 참고). 비블로스 문자에는 페니키아 문자와 비슷한 모양을 가진 기호도 많이 포함되어 있다(다음

그림에서 ◯ 표시를 붙인 글자 참고). 따라서 비블로스 문자는 이집트 문자와 가나안 지역의 여러 문자들(원시 가나안 문자, 페니키아 문자 등)을 연결해주는 문자로 볼 수 있다.

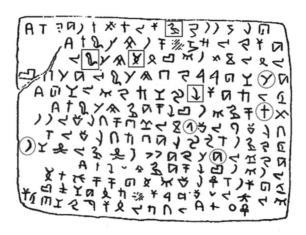

비블로스 문자

비블로스 문자는 프랑스 고고학자 모리스 뒤낭(Maurice Dunand, 1898~1987)이 1928년 발굴을 시작한 이래 세상에 알려졌지만, 모두 90개 또는 114개의 문자기호가 있는 음절문자로 추정되고 있을 뿐, 현재까지 정확하게 해독되지는 않았다.

아람 문자

아시아 문자들의 기원이 되는 문자

- **시기** 기원전 8세기~기원후 7세기
- **지역** 서아시아 일대(지중해 연안에서 인도 국경 지역까지)
- **특징** 표음문자-자음문자
- **언어** 아람어, 히브리어, 고대 시리아어

아람인

아람인은 기원전 16세기 무렵부터 레반트 지역 북부, 아나톨리아 남부 및 시리아 사막에 살던 유목민족으로 추정된다. 이들은 기원전 12세기경 비옥한 초승달 지역 중 시리아 북부 유프라테스강 상류를 중심으로 하여 도시국가를 건설했다. 이 지역은 동쪽으로는 바빌로니아와 인도, 서쪽으로는 지중해, 남쪽으로는 이집트, 북쪽으로는 아나톨리아를 연결하는 교통의 중심지였기에, 아람인은 이후 상업민족으로 활동하게 된다. 페니키아인이 주로 바다를 통한 무역을 했다면, 아람인은 육로를 통한 무역을 담당한 것이다.

아람인과 히브리인은 지리적 여건으로 인해 밀접한 관계를 맺고 있었다. 그렇기에 히브리 성경에는 아람에 관한 기록이 잘 나타나 있다(아람은 번역본에 따라 시리아로 표현되기도 한다). 아람이라는 이름은 히브리 성경에서 노아의 아들인 셈의 아들로 등장한다(창세기 10장 22절). 아브라함은 아람의 도시 하란(현재 튀르키예의 알튼바샥 인근)을 자신의 고향으로 여겼으며(창세기 24장 4절), 이사악의 아내인 리브가(창세기 25장 20절), 야곱의 아내이며 라반의 딸인 레아와 라헬(창세기 28장 2절)도 아람인이었다. "제 선조는 떠돌며 사는 아람인이었습니다."(신명기 26장 5절)라는 구절은 히브리인이 자신들의 정체성을 아람인으로 규정했음을 보여준다.

하지만 히브리인이 가나안 지역에 정착하고 이스라엘 왕정을 세우는 과정에서 아람인과 히브리인은 적대적인 관계를 맺으며 많은 전쟁을 벌이게 된다(사무엘 하권 8장, 10장, 열왕기 상권 20장, 22장, 열왕기 하권 5~8장, 역대기 하권 16장, 18장, 22장 등). 아람인은 특히 다마스쿠스를 중심으로 활동하며 이스라엘을 끊임없이 괴롭혔다.

기원전 732년 아시리아에게 멸망한 이후 아람인은 점차로 역사 속에서 사라진다. 아람인이 활동하던 지역은 이후 신바빌로니아, 페르시아, 그리스 등의 지배를 받았으며, 로마 시대에는 시리아 속주(屬州)가 된다. 이 지역은 일찍부터 그리스도교를 받아들인 곳으로서, 안티오키아(현재 튀르키예 안타키아)에서 예수의 제자들이 처음으로 '그리스도인'이라는 이름으로 불리게 되었다. 기원후 7세기부터는 이슬람, 오스만 등의 영향을 받아 아랍 문화권의 일원이 되었다.

이처럼 아람인의 땅이었던 시리아는 수많은 고대 문명이 거쳐 간 곳으로 매우 중요한 위치를 차지하고 있다. 하지만 오랜 시간에 걸쳐 수많은 사람들이 지속적으로 살아가는 동안 도시 위에 도시가 계속 건설되어 이 지역에 대한 고고학 발굴은 매우 오랜 시간이 필요하다. 이전 시대 거주지 위에 새로운 거주지가 건설된 까닭에 여러 시대의 유적들이 누적되어 생겨난 언덕층을 '텔(tel)'이라고 한다. 레반트 지역의 여러 지명에 텔아비브, 텔단, 텔아라드, 텔하솔과 같이 '텔'로 시작하는 지명이 많은 것이 이런 상황을 잘 보여준다.

아람 문자

아람 문자(Aramaic alphabet)는 자음문자로서, 기원전 8세기경 페니키아 문자에서 발달했다. 아시리아가 서아시아 최초의 통일국가를 이룬 후에, 그 이전까지 사용되던 아카드어 대신 아람어와 아람 문자를 행정, 경제, 외교 언어로 채택했고, 이후 시리아, 페니키아, 메소포타미아, 이집트 등 많은 지역에서 널리 퍼지게 되었다. 아시리아의 뒤를 이은 신바빌로니아와 페르시아에서도 기존에 사용하던 설형문자와 더불어 아람어와 아람 문자를 널리 사용했다. 점토판에 쓰인 후 건조시키는 과정이 따로 필요했던 설형문자보다는 비단이나 파피루스에 기록한 아람 문자가 더 사용하기 간편했던 것도 아람 문자의 확산에 기여했다.

페르시아 제국의 영토와 현대 지명

특히 페르시아의 아케메네스 왕조는 기원전 550년부터 유럽의 동쪽에서 인더스 강 유역까지 아우르며 다양한 민족과 문명을 포용하는 강대한 제국을 이루었기에, 아람어와 아람 문자는 그리스, 아프가니스탄, 중앙아시아, 인도, 아라비아 반도 북부, 이집트에 걸쳐 매우 넓은 지역까지 퍼지게 된다. 이때 사용된 아람 문자를 그 이전까지의 초기 아람 문자(Early Aramaic alphabet)와 구별하기 위해 제국 아람어, 제국 아람 문자(Imperial Aramaic alphabet)라고 부른다.

기원전 330년 알렉산드로스 왕에 의해 페르시아가 패망하면서

표 2-3 페니키아 문자(P), 초기 아람 문자(A1), 제국 아람 문자(A2)의 비교

소릿값	ʾ	b	g	d	h	w	z	ḥ	ṭ	y	k
P											
A1											
A2											

소릿값	l	m	n	s	ʿ	p	ṣ	q	r	š	t
P											
A1											
A2											

아람어와 아람 문자 대신에 그리스어가 공용어로 널리 쓰이게 되었지만, 일상에서는 아람어와 아람 문자가 계속 사용되었다. 그러니까 아람의 언어와 문자는 아시리아, 바빌로니아, 페르시아, 그리스 문화권에서 모두 사용되어 서아시아의 넓은 지역에서 1,000년 이상 큰 영향을 끼친 것이다.

아람어가 쇠퇴하기 시작한 것은 기원후 7세기 아랍어가 쓰이기 시작하면서부터다. 현재 아람어는 시리아 정교회의 전례 언어로 명맥을 유지하고 있다. 시리아, 레바논, 이라크 북부와 이란, 러시아 남부 등의 일부 지역에서 극소수의 사람들이 사용하고 있지만 소멸 위기에 있다.

한편, 기원후 3세기경부터 아람 문자에서 히브리 문자, 아랍 문자를 비롯하여 시리아 문자, 나바테아 문자, 팔미라 문자 등 여러

문자가 파생된다. 이후 이 문자들은 아시아 동쪽의 여러 지역으로 전해져 한자를 제외한 아시아 문자 대부분의 조상이 된다.

아람어와 성경

유대인은 원래 고전 히브리어와 페니키아 문자에서 파생된 고대 히브리 문자를 사용했다. 하지만 기원전 587년 유다 왕국이 멸망한 후 유대인들이 신바빌로니아의 수도 바빌론으로 끌려가 유배 생활을 하는 수십 년 동안(제1회 바빌론 유수는 기원전 597년부터), 이들은 모국어를 잃어버리고 아람어와 아람 문자에 익숙해졌다. 히브리어로 기록된 히브리 성경 중에서 에즈라기 일부와 다니엘서 일부가 아람어로 기록된 것도 이런 배경에서 이루어진 일이다. 아람어는 아프리카아시아어족의 셈어파에 속하는 언어로서, 히브리어와 같이 북부 셈어 계열에 속하는 언어였기에 유대인들이 새로 배우기에 어렵지 않았다.

기원전 538년, 신바빌로니아를 정복한 페르시아 치하에서 가나안으로 돌아온 이후에도 유대인들은 일상생활에서 아람어와 아람 문자를 널리 사용한다(에즈라 4장 7절 참고). 히브리어는 이제 종교어로만 남게 되어 사제나 율법학자가 율법을 읽고 가르칠 때에만 사용될 뿐, 따로 번역해 설명해주지 않으면 이해할 수 없게 되었다(느헤미야 8장 8절 참고). 뿐만 아니라 히브리어로 된 성경을 읽을 줄 모르던 유대인들을 위해 아람어 주석과 번역이 달린 번역본인 '타르굼'까지 펴낼 정도가 되었다. 현재 남아 있는 이 아람어 번역본 성경은 유대인들이 성경 본문을 어떻게 이해하고 있었는지를 알려줄 뿐만 아니라, 해석하기 어려운 구절들의 의미를 판독하는 데 도움이 된다고 한다.

아람어는 로마 치하의 이스라엘에서도 널리 사용되었다. 이런 까닭에 그리스어로 쓰인 신약성경에도 여러 군데 아람어 단어와 문장이 나타나며, 신약성경에서 '히브리 말'이라고 하는 것은 사실 아람어를 가리킨다. 예수의 행적과 가르침을 담은 네 권의 복음서는 원래 아람어와 아람 문자로 기록되었을 것으로 생각된다. 예수가 일상에서 사용했던 언어와 문자 역시 아람어의 갈릴래아 방언과 아람 문자였다. 예수가 십자가에 처형될 때 머리 위에 붙은 표지판에 쓰인 '유대인의 왕, 나자렛 예수'이라는 문구 또한 아람어, 그리스어, 라틴어의 세 문자로 적혀 있으며, 기원전 3세기부터 기원전 1세기에 작성된 것으로 보이는 사해문서에도 아람어와 아람 문자로 쓰인 것이 많이 있다. 2004년 개봉한 영화 〈패션 오브 크라이스트〉에서 유대인 역할을 맡은 배우들은 아람어를 사용해 말한다.

신약성경에 나타나는 아람어

게쎄마니(기름 짜는 곳), 게파(바위), 골고타(해골산), 다비타(사슴), 라쁘니(선생님), 마라나 타(주여 어서 오소서), 바르~(~의 아들. 바라빠, 바르나바, 바르사빠, 바르예수, 바르요나, 바르톨로메오, 바르티매오), 보아네르게스(천둥),

아겔다마(피의 밭), 엘리 엘리 레마 사박타니(나의 하느님 나의 하느님 어찌하여 나를 버리셨나이까), 아빠(아버지), 에파타(열려라), 코르반(하느님께 바친 제물), 탈리다 쿰(소녀야 어서 일어나거라), 토마(쌍둥이), 호산나(구원해 주소서)

아람 문자 자료

아람 문자로 쓰인 자료를 몇 가지 소개하면 다음과 같다.

다음은 1993년 이스라엘 북부 레바론과의 경계 지역인 텔단에서 발견된 돌비문(예루살렘 이스라엘박물관 소장)이다.

오른쪽 사본에서 □를 친 부분은 다음과 같이 옮겨 쓸 수 있다.

이 구절을 아람 문자의 읽기 방향대로 오른쪽에서 왼쪽으로 읽으면 각각 MLK YSR′L(이스라엘의 왕), BYTDWD(다윗의 집)이라고 해석된다. 이 비문이 크게 주목을 받은 이유는 히브리 성경을 제외하고 다윗이라는 이름이 언급된 유일한 자료이기 때문이다. 다만 BYTDWD 사이에 띄어쓰기가 되어 있지 않아, 이것이 다른 뜻을 가진 단어라는 이견도 있다.

다음은 제국 아람 문자로 쓰인 문헌이다. 이 자료는 1908년 이집트의 엘레판틴(현재 이집트 아스완 인근)에서 발견된 파피루스로서, 기원전 5세기경 아람 문자를 사용하는 유대인 디아스포라 공동체가 이집트에 있었음을 보여주는 자료다.

제국 아람 문자로 쓰인 엘레판틴 파피루스

아람 문자 자료는 지금도 계속 발굴되고 있다. 다음은 2008년 튀르키예 남동부 진지를리에서 발굴된 초기 아람 문자 비문이다.

초기 아람 문자가 새겨진 킬라무와 비문

아프리카의
문자들

에티오피아 문자

아프리카에서 2,500년 동안 계속 사용되어온 문자

- **시기** 기원전 5세기~현재
- **지역** 아프리카의 뿔 지역(에티오피아, 에리트레아)
- **특징** 표음문자-음소음절문자(아부기다)
- **언어** 에티오피아어, 티그리냐어, 티그레어 등

에티오피아

에티오피아는 아프리카에서 가장 오래된 독립국으로서, 고대 그리스 문헌에서 이집트 남쪽 지역을 가리키는 이름으로 등장한다. 히브리 성경에서는 '에티오피아' 또는 '구스(Cush)'로 나타난다. 구스는 노아의 세 아들 중 함의 아들이며(창세기 10장 6~8절, 역대기 상권 1장 8~10절), 모세의 아내도 에티오피아 사람이었다(민수기 12장 1절). 다만 국경은 시대에 따라 변하게 마련이므로, 고대

문헌에 등장하는 에티오피아 및 구스가 현대 에티오피아와 정확하게 일치한다고는 볼 수 없다.

에티오피아의 전설에서는 스바의 여왕(열왕기 상권 10장, 역대기 하권 9장, 꾸란 27장 23절)과 이스라엘의 솔로몬 왕 사이에서 태어난 아들이 에티오피아의 시조라고 한다. 스바는 아라비아 반도 남쪽, 지금의 예멘이 위치한 곳에 있던 나라다. 스바 사람들은 셈족에 속하는데, 기원전 1000년경 홍해를 건너 아프리카의 뿔 지역으로 이주한 후 에티오피아에 악숨 왕국을 세웠다(아프리카의 뿔이란 아프리카의 동북쪽 부분이 코뿔소의 뿔과 닮은 데에서 붙여진 이름이다). 악숨 왕국은 이집트와 교류하면서 그리스 문화의 영향을 받았으며, 전성기인 기원후 3~6세기에는 홍해 지역에서 무역국가로 성장하여 주로 금, 상아 등을 수출하면서 상업적으로 부유한 왕국을 이루었다. 또한 로마 제국 및 동방의 인도와도 무역을 하면서 다양한 문화를 수입했다.

그리스어를 사용하는 시리아 선교사들이 전한 그리스도교를 받아들여 기원후 325년 국교로 선포한 이후, 현재 남아 있는 국가 중에서는 가장 오래된 그리스도교 국가다. 신약성경에도 에티오피아 관리가 예루살렘에서 필리포스를 만나는 장면이 기록되어 있다(사도행전 8장 27~39절). 1974년 사회주의 정권이 들어서기 전까지, 아프리카 고대 왕국 중에서 가장 오랫동안 존재했다.

에티오피아는 한국전쟁 당시 우리나라에 군대를 파병한 나라 중 하나다. 춘천에 있는 에티오피아 참전 기념관 근처에 우리나라

에티오피아 참전 기념비에 쓰인 한글과 에티오피아 문자

에서 최초로 원두커피를 판매한 카페가 위치한 것도 이런 인연에서 비롯된 것이다.

에티오피아 문자

에티오피아 문자(Ethiopic script)는 현재 에티오피아와 에리트레아에서 사용되고 있다. 고대에 만들어진 대부분의 문자는 다른 문자들에 영향을 끼치고 사라졌지만, 이 문자는 현재까지 2,500년 동안 계속 사용되고 있다. 따라서 한자를 제외하면 현존하는 문자들 중에서는 가장 오래된 것이라 할 수 있다. 또한 20세기 들어 모로코에서 고대에 사용하던 문자를 되살려 사용하기 전까지, 에티오피아 및 에리트레아는 아프리카 대륙에서 유일하게 자기 고유의 문자를 가진 나라였다.

아프로아시아어족의 언어 중 유일하게 아시아에서 쓰이는 셈어파의 언어들은 동부 셈어 계열, 북부 셈어 계열과 남부 셈어 계열로 나눌 수 있다. 북부 셈어 계열을 대표하는 문자가 페니키아 문자라면, 남부 셈어 계열을 대표하는 문자가 바로 에티오피아 문자다. 페니키아 문자와 에티오피아 문자 모두 원시 시나이 문자에서 발달한 것이며, 그런 의미에서 에티오피아 문자와 페니키아 문자는 형제 관계에 있다고 할 수 있다.

에티오피아 문자는 셈어 계통의 다른 문자들과 두 가지 면에서 다르다. 첫째, 셈어 계통의 다른 문자들이 모두 자음문자인 데 비해 에티오피아 문자는 음소음절문자(아부기다)다. 둘째, 셈어 계통의 다른 문자들의 필기 방향은 오른쪽에서 왼쪽이지만, 에티오피아 문자는 그리스 문자의 영향을 받아 표기의 방향이 왼쪽에서 오른쪽이다.

에티오피아 문자는 시대와 장소에 따라 그으즈 문자, 암하라 문자, 티그리냐 문자로 구분해 부르기도 한다. 그으즈 문자(Ge'ez script)는 고대 에티오피아, 즉 악숨 왕국 시대에서 사용되던 문자를 가리키는 말이다. 처음에는 자음문자였으나, 기원후 4세기경부터 부가기호를 이용해 모음을 표기하기 시작했다. 이 문자는 10세기 이후 쇠퇴하여 문어(文語)로만 남는다. 암하라 문자(Amharic script)는 암하라어가 시작된 기원후 13세기경부터 그으즈 문자의

에티오피아 문자(그으즈 문자)로 기록된 비문

뒤를 이어 사용된 문자를 가리키는 것으로, 현대 에티오피아에서
쓰이는 문자다. 암하라는 에티오피아 북부 지역의 이름이다. 티그
리냐 문자(Tigrinya script)는 1993년 에티오피아에서 분리 독립한
에리트레아에서 사용되는 문자를 따로 부르는 이름이다. 또한 현
대 에티오피아 문자는 '피델'이라고도 불리는데, 이는 현지어로 문
자라는 뜻이다.

음소음절문자(아부기다)

에티오피아 문자는 문자의 분류상 음소음절문자에 속한다. 음

소음절문자는 음절문자, 자음문자, 음소문자와 더불어 표음문자에 속하며, 하나의 기호가 음절을 나타낸다는 점에서 넓은 의미의 음절문자라고 할 수 있다. 그러나 기호 내에서 자음 요소와 모음 요소를 구분해낼 수 없는 음절문자와는 다르게, 음소음절문자는 공통되는 자음 요소를 인식할 수 있을 뿐만 아니라, 대부분의 모음이 별도로 표기된다.

예를 들어, ᎠᎧ, ᎧᎸ, ᎧᎶ, ᎧᎸ 등 음소음절문자의 기호들은 각각 [mu], [mi], [ma], [me]라는 음절을 나타낸다는 점에서 넓은 의미의 음절문자다. 이 기호들이 모두 m이라는 자음을 공유하고 있다는 사실은 문자 모양을 통해 드러나고 있다. 또한 각 기호마다 좌우, 상하 등에 작은 부가기호를 첨가하거나 또는 주요한 획의 길이를 다르게 하는 등의 방법으로 모음을 나타내고 있다. 이러한 점이 음절문자와 구분되는 음소음절문자의 특징이다.

이 기호들에 공통되는 ᎠᎧ이 자음 m이 아니라 음절 [mä]를 나타내고 있다는 점에서 음소문자와도 다르다. 그러니까 기호 ᎠᎧ[mu], ᎧᎸ[mi], ᎧᎶ[ma], ᎧᎸ[me] 등은 각각 [mä](ᎠᎧ)+[u], [mä](ᎠᎧ)+[i], [mä](ᎠᎧ)+[a], [mä](ᎠᎧ)+[e]로 구성된 것이며, 모음 부가기호가 붙으면 원래 들어 있던 모음 ä는 발현되지 않는다. 이런 점에서 음소음절문자는 음절문자가 음소문자로 발달하는 단계에 있는 문자다.

음소음절문자는 일반적으로는 아부기다라고 불린다. 아부기다 (abugida)라는 이름은 에티오피아 문자의 특징을 따서 만들어진

표 3-1 에티오피아 문자 일부

መ	ሙ	ሚ	ማ	ሜ	ም	ሞ
mä	mu	mi	ma	me	mə	mo
ሰ	ሱ	ሲ	ሳ	ሴ	ስ	ሶ
sä	su	si	sa	se	sə	so
በ	ቡ	ቢ	ባ	ቤ	ብ	ቦ
bä	bu	bi	ba	be	bə	bo
ገ	ጉ	ጊ	ጋ	ጌ	ግ	ጎ
gä	gu	gi	ga	ge	gə	go
ጰ	ጱ	ጲ	ጳ	ጴ	ጵ	ጶ
pä	pu	pi	pa	pe	pə	po

용어로서, 에티오피아 문자를 순서대로 배열할 때 처음에 오는 네 개의 낱글자 ħ(아), ቡ(부), ጊ(기), ዳ(다)의 이름을 따서 붙인 것이다. 이는 마치 알파벳이라는 이름이 그리스 문자의 첫 두 글자 α, β의 이름 '알파'와 '베타'에서 유래한 것과 비슷하다. 이러한 음소음절 문자 방식의 표기법은 인도와 동남아시아에서 쓰이는 브라흐미 계열의 문자에서 널리 사용되는데, 에티오피아 문자가 인도의 영향을 받았을 가능성을 보여준다.

에티오피아의 언어

에티오피아 문자는 에티오피아 및 에리트레아의 여러 언어를 기록하는 데 사용된다. 이 언어들은 아프로아시아어족의 셈어파에 속하는 언어로서, 문자와 마찬가지로 시대와 장소에 따라 그으즈어, 암하라어, 티그리냐어 등으로 다양하게 불린다. 이외에도 티그레어, 하라리어, 블린어 등도 에티오피아계 언어에 포함된다.

그으즈어는 고대 에티오피아에서 사용되던 언어로서, 4세기경 그리스도교 성서를 중심으로 한 많은 문헌이 남아 있다. 그으즈어는 현재 사어(死語)가 되어 일상생활에서는 쓰이지 않지만, 에티오피아와 에리트레아의 정교회 의식에서는 아직도 사용되는 종교 언어다. 에리트레아 등지의 이슬람계 부족들이 라틴 문자를 사용해 자신들의 언어를 표기하는 것도 에티오피아 문자가 가진 이러한 그리스도교적인 이미지 때문이다.

암하라어는 기원후 13세기부터 그으즈어에서 발달한 언어로서, 현대 에티오피아의 공용어다. 암하라어는 비셈어 계통의 언어들 혹은 아프리카 북동부 지역의 언어들로부터 많은 영향을 받았으며, 셈어파의 여러 언어 가운데에

에티오피아 문자로 쓰인 안내판

3장 | 아프리카의 문자들

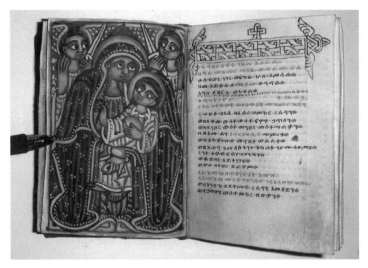
에티오피아 문자로 쓰인 성경

서 아랍어 다음으로 많은 사용자를 가지고 있다. 티그리냐어는 에리트레아에서 사용되는 언어를 따로 일컫는 말이다.

사바 문자

남부 셈어 계열의 문자는 주로 아라비아 반도에서 사용되었으며, 이 문자들은 다시 북아라비아 문자와 남아라비아 문자로 구분된다. 이들은 대체적으로 기원전 9세기경 원시 시나이 문자에서 발달한 것으로 보이며, 원시 가나안 문자, 비블로스 문자 등과도 관련이 있는 것으로 생각된다.

북아라비아 문자는 데단어, 리흐얀어, 사파어, 사무드어를 기록하는 데 사용된 문자다. 이 문자는 거의 비슷한 모양을 가지고 있지만, 기록하는 언어에 따라 데단 문자, 리흐얀 문자, 사파 문자, 사무드 문자 등으로 불린다.

남아라비아 문자에 속하는 문자에는 사바 문자와 사바 문자에서 발달한 에티오피아 문자가 포함된다. 사바는 히브리 성서에서 '스바'로 기록되었으며, 사바 문자(Sabaean alphabet, Sabaic alphabet)는 미나어, 사바어, 힘야르어, 카타반어, 하드라마우트어 등을 기록하는 데 사용된 문자를 가리킨다. 사바 문자 또한 기록하는 언어에 따라 미나 문자, 힘야르 문자, 카타쿠트반 문자, 하드라마우트 문자 등으로 불린다.

사바 문자가 주로 사용된 지역이 현대 예멘이 위치한 곳이어서, 사바 문자로 쓰인 비문은 아라비아 반도 남부와 에리트레아 등지에서 많이 발견된다. 이런 까닭에 사바 문자를 고대 예멘 문자(the Old Yemeni alphabet)라고도 한다. 고대 예멘 지역은 기원전 8세기에서 기원후 6세기 사이에 지중해 지역과 인도 등 동방을 중

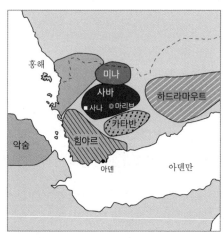

고대 예멘 왕국

       3장 | 아프리카의 문자들

계하는 교역의 중심지였다. 아라비아 해를 거쳐 온 각종 물품들이 예멘 지역에 있었던 여러 고대 부족 왕국들을 통해서 페니키아 지역의 항구까지 육상으로 운반되었다.

사바 문자 비문

사바 문자가 기록한 언어들은 현재 모두 사어가 되었지만, 현대 아랍어의 방언으로 해독이 가능하다. 사바 문자 비문들은 기원후 700년경 아라비아 반도 전체가 이슬람화되어 아랍어와 아랍 문자가 사용되기 이전의 아라비아 반도에 관한 지식을 보여주는 자료로서 가치가 있다.

사바 문자는 29개의 자음문자이며, 비문 등에 쓰이는 정자체와 일상에 쓰이는 필기체 두 종류가 있다. 나중에 그으즈어에는 없는 소리를 적는 문자 5개가 없어지고 2개가 추가되어 에티오피아 문자(그으즈 문자)에서는 26개 글자로 정착된다.

표 3-2 사바 문자(S)와 에티오피아 문자(E)의 비교

소릿값	h	l	ḥ	m	ś	r	s	ḳ	b	t	ḫ
S	𐩠	𐩡	𐩢	𐩣	𐩦	𐩧	𐩪	𐩤	𐩨	𐩩	𐩭
E	ሀ	ለ	ሐ	መ	ሠ	ረ	ሰ	ቀ	በ	ተ	ኀ
소릿값	n	ʾ	k	w	ʿ	z	y	d	g	ṭ	p
S	𐩬	𐩱	𐩫	𐩥	𐩲	𐩹	𐩺	𐩵	𐩴	𐩷	–
E	ነ	አ	ከ	ወ	ዐ	ዘ	የ	ደ	ገ	ጠ	ጰ
소릿값	ṣ	ḍ	f	p	ḏ	y	ṭ	ṣ	ẓ		
S	𐩮	𐩳	𐩰	◇	𐩸	𐩺	8	𐩮	𐩼		
E	ጸ	ፀ	ፈ	ፐ	–	–	–	–	–		

'사랑해'를 에티오피아 문자로

"당신을 사랑합니다. 사랑해."를 에티오피아 문자로 옮기면 다음과 같다.

እወድሻለሁ [으워드샬러후] (남성이 여성에게)

እወድሃለሁ [으워드할러후] (여성이 남성에게)

እወድሻለሁ·는 ወድ·('사랑하다'), ሽ('너를, 당신을'), እ … ለሁ·(1인칭 시제 어미)로 분석할 수 있다. 2인칭 대명사 ሽ는 여성에게 사용되며, 남성에게는 ሁ을 쓴다.

메로에 문자

- **시기** 기원전 2세기~기원후 5세기
- **지역** 아프리카 동북부(수단, 에티오피아 북부)
- **특징** 표음문자-음소음절문자
- **언어** 메로에어

메로에 문자(Meroitic alphabet)는 고대 쿠시 왕국에서 사용되었다. 고대 쿠시 왕국은 기원전 1000년경 나일 강 상류, 현재의 수단 지역에 건국된 흑인 왕국으로, 고대 에티오피아 북부 지역을 포함한다. 쿠시 왕국은 기원전 747년 이집트를 정복하여 '에티오피아 왕조'라고 불리는 이집트 제25왕조를 세울 만큼 전성기를 이루었다. 이후 이집트를 점령한 아시리아인의 위협으로부터 벗어나기 위해 기원전 591년 수도를 나파타에서 메로에로 옮기면서, 이집트와는 완전히 분리된 메로에 왕조를 열었다. 메로에 왕국은 기원후 350년경 악숨 왕국에 의해 멸망당하지만, 메로에 문화는 악숨 왕국에서 계속된다.

메로에 문자는 음소문자이며, 기원전 2세기경 이집트 성각문자

를 바탕으로 만든 것이다. 비문 등
에 새기는 성각문자체와 필기할
때 사용하는 민중문자체의 두 가
지 종류가 있다. 1909년 영국의 이
집트학자 그리피스(Francis Llewellyn
Griffith, 1862~1934)가 이집트 문
자를 기반으로 하여 소릿값을 재
구성했지만, 메로에어의 계통이
아직 정확하게 밝혀지지 않아 정
확한 해독은 이루어지지 않은 상
태다.

메로에 문자

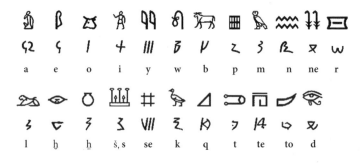

두 종류의 메로메 문자(위는 성각문자체, 아래는 민중문자체)

카르타고 문자

포에니 전쟁의 주인공 카르타고인들의 문자

- **시기** 기원전 8세기~기원후 4세기
- **지역** 카르타고(현재 튀니지) 등 지중해 연안
- **특징** 표음문자-자음문자
- **언어** 카르타고어

카르타고

카르타고(오늘날 튀니지의 도시)는 북아프리카 쪽 지중해 연안에 있는 도시로서, 기원전 750년경 레반트 지역의 페니키아인들이 세운 식민도시다. 페니키아인들은 이 도시를 '신도시'라는 뜻을 가진 콰르트 하다쉬트(𐤒𐤓𐤕 𐤇𐤃𐤔𐤕)라고 불렀는데, 이 말에서 그리스어 카르케돈(Καρχηδών)과 라틴어 카르타고(Carthago)가 유래했다. 그리스 신화에 따르면, 페니키아 티레의 공주였던 디도가 카르타고

디도 여왕이 그려진 튀니지 화폐

를 세우고 여왕이 되었다. 디도 여왕이 트로이 전쟁 때 피신해 온 아이네이아스와 사랑에 빠졌다가 후에 배신당하는 비극적인 이야기는 카르타고와 로마의 운명을 상징하며, 후에 많은 화가와 시인들에게 큰 영감을 주었다.

페니키아는 카르타고 외에도 크레타, 키프로스, 몰타, 시칠리아, 사르데냐, 코르시카 등 여러 섬과 이베리아 반도, 북아프리카 해안 등에 해상무역을 위한 근거지로서 여러 도시를 세웠는데, 그중 카르타고가 가장 발달했다. 카르타고는 이후 페니키아가 페르시아의 지배 아래 들어가면서 영향력이 약해지자 기원전 650년경에 독립해 모국인 페니키아를 능가하는 나라로 성장했으며, 지중해를 둘러싼 여러 지역의 무역을 장악하게 되었다.

카르타고는 기원전 600년부터 기원전 265년까지 이베리아 반도와 시칠리아의 지배권을 둘러싸고 그리스와 전쟁을 벌였으며,

기원전 264년부터 기원전 146년까지 지중해를 사이에 두고 로마와 세 차례에 걸쳐 포에니 전쟁을 치르다가 패배함으로써 멸망한다(프랑스 소설가 귀스타브 플로베르가 쓴 소설 〈살람보〉는 제1차 포에니 전쟁 직후의 카르타고를 배경으로 한 작품이다).

카르타고는 지리적으로 이탈리아 반도에서 가장 가까운 아프리카 대륙의 도시이자 중요한 곡물 산지였다. 이 때문에 기원전 46년에 재건되어 로마의 북아프리카 속주 중 중심지가 되었으며, 로마 제국에서 가장 부유한 지역으로 발달했다. 기원후 2세기 중엽 그리스도교가 전파된 이후에는 그리스도교 신앙의 중심지가 된다. '삼위일체'를 비롯한 1,000여 개의 신학 용어를 처음 만들어낸 테르툴리아누스도 카르타고 출신의 신학자이며, 그리스도교의 신약성경이 27권으로 최종 확정된 것도 기원후 397년 개최된 제3차 카르타고 교회 회의에서였다.

기원후 439년에 카르타고는 게르만의 일족인 반달족에게 점령당하고 100여 년간 반달 왕국의 수도 역할을 하다가 동로마에 복속되었으며, 기원후 698년에 아랍화되어 현재까지 이어진다.

카르타고 문자

카르타고 문자(Punic alphabet)는 카르타고 지역을 중심으로 지중해 연안에서 사용된 페니키아 문자를 따로 이르는 말이다(영어 단어 Punic은 페니키아를 지칭하는 라틴어 Poenus/Poenni의 형용사형 Punicus

마르세이유

이베리아 반도

코르시카

사르데냐

페니키아

발레아레스

시칠리아

카디스

카르타고

몰타

크레타

페니키아 식민지

트리폴리

키프로스

페니키아 문자와 카르타고 문자가 사용된 지역

① 카르타고 문자로 쓰인 묘지석 (튀니지 카르타고국립박물관)
② 카르타고 문자 비문 (소장 튀니지 카르타고국립박물관)
③ 몰타 섬에서 사용된 카르타고 문자 비문. 아래에는 고대 그리스 문자가 쓰여 있다.

에서 파생된 것이며, 북아프리카의 페니키아 식민지, 특히 카르타고를 뜻
한다). 로마가 포에니 전쟁에서 승리를 거둔 후 카르타고를 철저하
게 파괴한 까닭에, 돌이나 도기 등에 새긴 짧은 글 외에 카르타고
문자로 쓰인 기록은 별로 전해지지 않는다.

카르타고 문자는 사용된 지역과 시대에 따라 몇 가지 다른 이름
으로 불린다. 키프로스 페니키아 문자는 기원전 8세기경 오늘날 키
프로스 섬의 라르나카와 살라미스 근처에 있는 페니키아 '신도시'
에서 사용되었다. 몰타 문자는 기원전 9세기경부터 기원전 4세기
경까지 몰타 섬에서 사용된 문자다. 시칠리아 문자는 기원전 6세
기 중반에 시칠리아 섬의 서쪽 지역에서 사용된 문자를 가리킨다.

표 3-3 페니키아 문자(P), 카르타고 문자(C), 신카르타고 문자(N)

소릿값	'	b	g	d	h	w	z	ḥ	ṭ	y	k
P											
C											
N											

소릿값	l	m	n	s	'	p	ṣ	q	r	š	t
P											
C											
N											

사르데냐 문자는 기원전 9세기경부터 기원전 3세기경까지 사르데냐 섬에서 사용되었다. 또한 이 문자들이 사용된 지역이 모두 페니키아의 식민지였기 때문에 식민 페니키아 문자라고도 한다. 영어를 음역해 포에니 문자, 퓨닉 문자라고 쓰이는 경우도 있다.

카르타고 문자는 글자의 모양이나 소릿값 등이 페니키아 문자와 매우 비슷하다. 페니키아 문자와 마찬가지로 자음문자이며, 오른쪽에서 왼쪽으로 표기한다.

신카르타고 문자

신카르타고 문자(Neo-Punic alphabet)는 로마 시대에 아프리카 속

① 신카르타고 문자(리비아 렙티스 마그나)　② 신카르타고 문자 사본
③ 라틴 문자와 신카르타고 문자로 쓰인 비문(리비아 렙티스 마그나)

주에서 사용된 문자로서, 카르타고 문자가 흘림체로 변한 것이다. 후기 카르타고 문자, 신포에니 문자, 신퓨닉 문자라고도 한다. 신카르타고 문자가 많이 발견되는 지역은 현재 리비아 트리폴리 인근에 있는 렙티스 마그나 유적지다. 이 도시 역시 기원전 9세기경 페니키아인이 건설한 항구도시로서, 이곳에서 태어난 로마 황제 셉티미우스 세베루스(재위 193~211)가 건설한 로마 유적이 아직까지 잘 보전되어 있다.

이베리아 문자

- **시기** 기원전 5세기~기원후 1세기
- **지역** 이베리아 반도(포르투갈, 스페인)
- **특징** 표음문자-음절문자, 음소문자
- **언어** 북이베리아 문자: 이베리아어, 루시타니아어, 이베리아켈트어
  남이베리아 문자: 타르테스어, 투르데타니아어

이베리아 문자(Iberian scripts) 또는 고대 에스파냐 문자(Paleohispanic scripts)는 오늘날 스페인과 포르투갈이 자리 잡고 있는 유럽의 남서쪽 이베리아 반도와 발레아레스 제도 등지에서 라틴 문자 이전에 사용되던 여러 종류의 문자를 통틀어 이르는 말이다.

이베리아 반도의 언어와 문자는 다소 복잡한 양상을 띠고 있다. 이 지역이 지브롤터 해협을 통해 아프리카에 인접해 있을 뿐만 아

니라 대서양 및 지중해로 이어지는 곳이어서, 유럽 어느 지역보다 이른 시기부터 다양한 문명이 시작되었기 때문이다. 인도유럽어를 쓰던 종족이 유럽 전역으로 확장되기 이전 시대에 이베리아 반도에서 사용되었던 많은 언어

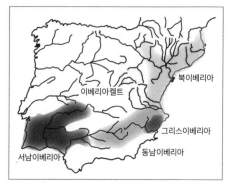

이베리아 문자들의 분포

는 대부분 절멸되었거나 기원을 알 수 없다. 이 중 현재까지 남아 있는 언어는 바스크어(에우스카라어)인데, 이 언어 역시 아직 기원이 밝혀지지 않은 고립어다.

이베리아 반도는 기원전 3세기경 카르타고인들이 이 지역에 정착해 가디르(오늘날 스페인 카디스)에 식민도시를 세우고 주변 해안가를 중심으로 동쪽으로 영향력을 확대하면서 조금씩 알려지게 된다. 제2차 포에니 전쟁 때 피레네 산맥과 알프스 산맥을 넘어 로마와 싸운 한니발 장군도 이베리아 반도에 주둔하고 있던 카르타고의 총사령관이었다. 포에니 전쟁 이후 로마의 속주가 된 이베리아 반도는 히스파니아라는 이름으로 역사에 본격적으로 등장했다(히스파니아는 페니키아어로 '숨겨진 땅, 토끼의 땅'이라는 의미를 가진 단어에서 유래한 것으로 보기도 한다. 이 단어에서 에스파냐, 스페인이라는 이름이 생긴다).

이베리아 문자는 크게 북이베리아 문자와 남이베리아 문자로 구분된다. 이외에 그리스이베리아 문자가 있는데, 이 문자는 그리스 문자의 영향을 받은 것으로, 지중해 해안을 따라서 아주 제한된 지역에서만 사용되었다. 이베리아 문자들은 파열음은 음절문자로, 지속음 및 모음은 음소문자로 표기한다.

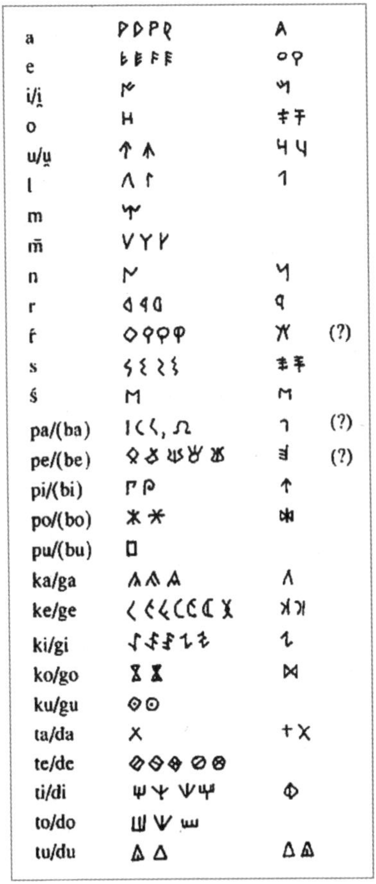

북이베리아 문자는 이베리아 반도에서 발견되는 문자의 거의 대부분을 차지하기 때문에, 일반적으로 이베리아 문자라고 할 때는 북이베리아 문자를 가리킨다. 북이베리아 문자는 스페인 동부와 중부(카탈루냐, 카스티야), 프랑스 남부 등에서 사용된 이베리아어, 루시타니아어, 이베

	북이베리아 문자(왼쪽)	남이베리아 문자(오른쪽)	
a	PꝒPꝘ	Λ	
e	ㅏ ㅏ ㅏㅏ	OP	
i/į	ㅏ	ㅗ	
o	H	≠Ŧ	
u/ų	↑ ↑	ㅓㅓ	
l	ᐱ ᒋ	ㄱ	
m	ㅆ		
m̄	ᐺ ㅏㅏ		
n	ㅏ	ㅓ	
r	ᐊ ᐊᐊ	q	
ſ	OꝘꝘꝘ	ⅹ	(?)
s	ᐦ ᐦ ᐦᐦ	≠Ŧ	
ś	M	M	
pa/(ba)	ᛁ ᐸ ᐸ, Ω	ㄱ	(?)
pe/(be)	Ꝙ Ꝙ ㅄㅄ	Ⅎ	(?)
pi/(bi)	ㅏ ꝓ	↑	
po/(bo)	✳ ✳	ㅄ	
pu/(bu)	�口		
ka/ga	ᐱ ᐱ ᐱ	Λ	
ke/ge	ᐸ ᐸᐸ ᐸᐸ ᐌ ᐒ	ㅅㅅ	
ki/gi	ㅏㅏㅏㅏ	ㄴ	
ko/go	ᛉ ᛉ	ᛞ	
ku/gu	ㅇㅇ		
ta/da	✕	＋✕	
te/de	⊘⊗⊘ ⊘⊗		
ti/di	ㅍㅏ ㅍㅍ	Φ	
to/do	ㅿ ㅏㅏ ㅆ		
tu/du	ᐃ ᐃ	ᐃᐃ	

리아켈트어 등을 기록했다. 이베리아어는 인도유럽어족에 속하지 않는 언어로서 아직 그 계통이 정확하게 밝혀지지 않았으며, 루시타니아어와 이베리아켈트어는 인도유럽어족의 켈트어파에 속하

북이베리아 문자 사본

는 것으로 추정되지만 이 언어들에 관해서도 현재 연구가 진행 중이다.

북이베리아 문자 또한 기원이 불명확해서, 페니키아 계통의 카르타고 문자에서 유래한 것으로 보기도 하고, 그리스 문자의 영향을 받은 것으로 보기도 한다. 또한, 다음에 살펴볼 베르베르 문자의 영향도 보인다(이베리아라는 이름이 '베르'에서 왔다는 의견도 있다). 북이베리아 문자를 레반트이베리아 문자라고도 부르며, 북이베리아 문자의 한 변종으로서 이베리아켈트어를 표기하는 문자를 따로 이베리아켈트 문자라고 부르기도 한다. 북이베리아 문자는 그리스 문자처럼 왼쪽에서 오른쪽으로 적는다.

남이베리아 문자는 스페인 남부 안달루시아, 무르시아 지방에서 사용된 동남이베리아 문자와 포르투갈 남부 및 스페인 서부 에스트레마두라 지방에서 사용된 서남이베리아 문자를 함께 부르는 이름이다. 동남이베리아 문자는 투르데타니아어를, 서남이베리아 문자는 타르테스어를 기록한 문자다. 이 언어들은 모두 켈트어파에 속하는 것으로 추정되지만, 역시 절멸되었다. 남이베리아 문자는 기본적으로는 페니키아 계통의 문자에서 유래한 것으로 보이며, 카르타고 문자처럼 오른쪽에서 왼쪽으로 적는다.

이베리아 반도의 문자들은 일부 고유명사를 제외하고는 대부분 아직 제대로 해독되지 않았다. 이베리아 반도에서 사용된 언어와 문자 중 어느 쪽이든 먼저 확실하게 밝혀질 때까지 기다려야 할 것이다.

베르베르 문자

공동체의 정체성과 자부심을 담은 문자

- **시기** 기원전 3세기~현재
- **지역** 마그레브 지역(알제리, 모로코, 튀니지, 리비아)
- **특징** 베르베르 문자: 표음문자-자음문자
  신베르베르 문자: 표음문자-음소문자
- **언어** 베르베르어

베르베르 문자

베르베르 문자(Berber script)는 기원전 3세기경부터 베르베르인들이 사용하던 문자다. 이 문자는 알제리, 모로코 등 북아프리카 및 사하라 사막 북쪽에서 주로 사용되었으며, 스페인 남부에서도 드물게 발견된다. 베르베르 문자는 페니키아 문자가 카르타고 문자를 거쳐 발달한 22개의 자음문자로서, 남아라비아 사바 문자의 영향을 받아 각이 지고 좌우 대칭인 모양을 가지게 되었다.

카르타고 문자(왼쪽)와 베르베르 문자(오른쪽)로 쓰인 자료. 기원전 2세기. (영국박물관)

　베르베르 문자는 베르베르어로 티피나그(Tifinagh)라는 이름을
가지고 있으며, 이외에도 고대 리비아 문자, 리비아베르베르 문자,
누미디아 문자 등 다양한 이름으로 불린다. 티피나그란 카르타고
를 가리키는 punic에 접사 ti가 결합한 단어로서(ti+punic), '카르타
고 문자'라는 뜻을 가진다. 리비아(Λιβύη, Libúē)는 그리스 신화에서
이집트 및 에티오피아와 관련 있는 인물로 등장하는데, 고대 그리
스인들이 북아프리카를 가리킬 때 사용한 말이다. 누미디아는 기
원전 202년부터 기원전 46년까지 당시 카르타고의 서쪽, 현재의
알제리 동부 카빌리 지역에 있던 고대 베르베르 왕국을 일컫는다.
이 말은 유목민이라는 뜻을 가진 그리스어 노마데스(Νομάδες,
nomádes)에서 유래했다.

　베르베르 문자는 아래에서 위로 쓰는데, 이 같은 필기 방향은
문자의 발달사에서 매우 드물게 나타난다. 다만, 현재 남아 있는
비문에는 카르타고 문자의 영향을 받아 오른쪽에서 왼쪽으로 쓰
여 있다. 기원후 3세기경부터는 주로 여성들이 일기, 편지, 메모 등

사적인 영역에서 비공식적으로 사용해왔다.

표 3-4 베르베르 문자의 필기 방향

소릿값	가로쓰기 (오른쪽에서 왼쪽)	세로쓰기 (아래에서 위)	소릿값	가로쓰기 (오른쪽에서 왼쪽)	세로쓰기 (아래에서 위)
'	·	·	l	‖	꓿
b	⊙	⊙ ⊡	m	⊐	∪
ğ	⌐	∨ ∧	n	❘	❘
d	⊓	⊐ ⊏	s	ⵝ	ⵝ 8
h		‖‖	s²	⊏ ⊂	⊓
w	꓿	‖	ǵ	☰ ÷	‖‖ ⫶
z	━	━	f	ⵝ	ⵝ ⵙ
ž	H	H I	q		꓿
ż	⋔	⊔	r	○	□
ḫ	⊢	⊥ ⊤	š	⋛	⋎ ⋜
ṭ	ⵏ	⊓	t	＋ ×	＋
y	Z	N Z	t²	Ⴈ	⊔
k	⇐	⇑			

마그레브의 베르베르인

마그레브(المغرب العربي)는 '해 지는 지역, 서쪽'이라는 뜻을 가진 아랍어다. 마그레브는 대체로 알제리, 모로코, 튀니지의 북아프리카 지역을 가리키며, 넓게는 리비아와 모리타니까지 함께 이른다. 역사적으로는 이슬람이 지배했던 이베리아 반도와 시칠리아, 몰타 등 여러 섬을 포함하여 지중해 및 지중해에 연한 아프리카 지역을 폭넓게 가리키는 용어로 사용되어왔다.

베르베르인은 아주 오래전부터 마그레브 지역에 흩어져 살던 민족으로, 그들의 흔적은 화석, 암각화, 동굴 벽화 등에 남아 있다. 베르베르인은 기원전 9세기경 페니키아인들이 카르타고를 건설한 이래, 매우 다양한 문화와 활발하게 교류하기 시작한다.

기원전 2세기에 카르타고가 멸망한 후에는 로마 문화의 영향 아래에 들어가며, 기원후 5세기에는 이베리아 반도를 통해 유럽에서 건너온 게르만족인 반달족과 그 이후 반달족을 물리친 동로마 제국의 지배를 받기도 했다. 7세기에 마그레브의 베르베르인들은 이슬람을 적극적으로 받아들였고, 8세기 초 아랍인과 함께 지브롤터 해협을 건너갔다. 이들은 15세기까지 800년간 스페인 남부를 다스리면서 이베리아 문화를 받아들였다. 특히 11세기 초부터 13세기까지 베르베르인이 세운 무라비트 왕조와 무와히드 왕조가 스페인과 마그레브 지역에서 전성기를 누렸다. (스페인의 안달루시아와 코르도바가 베르베르 무슬림의 중심지였다. 스페인에 거주하던 무슬림을 무어인이라고 하는데, 이들로부터 이슬람교, 그리스도교, 유대교의 요소가 결합한 독특한 무어 양식이 발생한다. 그라나다의 알람브라 궁전도 무어인들의 작품이다.) 16세기부터는 오스만 제국이 마그레브를 다스렸으며, 그 뒤를 이어 1830년부터는 프랑스가 이 지역에 대한 영향력을 크게 행사하기 시작했다.

이외에도 베르베르인이 수단을 침입해 이슬람을 전파한 이후 9세기부터 노예들의 흑인 문화가 마그레브에 유입되기도 했으며, 로마 시대 이후부터 근대에 이르기까지 형성된 유대인 디아스포라의 영향으로 유대 문화도 찾아볼 수 있다. 이처럼 마그레브의 문화는 이슬람적인 요소를 기본으로 하여 지중해와 유럽, 서아시아 등 바깥에서 들어온 문화가 토착 베르베르 문화와 교류하면서 발생했으며, 문화적 다양성을 잘 보여주는 개방적인 성격을 가지고 있다.

현재 마그레브에는 아랍인을 주축으로 다양한 민족이 모여 살고 있으며, 알제리 인구의 20퍼센트, 모로코 인구의 40퍼센트 정도가 베르베르인이다. 역사적으로 유명한 베르베르인이 많이 있는데, 널리 알려진 인물로는 그리스도교의 신학자 아우구스티누스와 프랑스의 축구 선수 지단이 있다. 아우구스티누스는 알제리 동북부 지역인 타가스테(오늘날 수크아라스)와 히포(오늘날 안나바)에서 주로 활동했으며, 지단은 베르베르 카빌족 출신이다.

베르베르어

베르베르어는 아프리카아시아어족의 베르베르어파에 속하는 언어로서 매우 다양한 방언을 가지고 있다. 아프리카아시아어족의 언어로 우리에게 잘 알려진 히브리어, 아랍어 등은 셈어파에

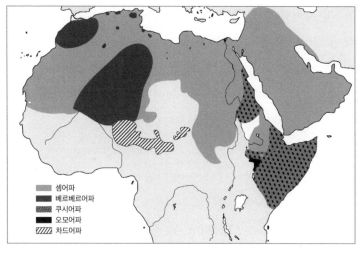

<table>
<tr><td>■</td><td>셈어파</td></tr>
<tr><td>■</td><td>베르베르어파</td></tr>
<tr><td>▨</td><td>쿠시어파</td></tr>
<tr><td>■</td><td>오모어파</td></tr>
<tr><td>▨</td><td>차드어파</td></tr>
</table>

북아프리카의 언어 상황

속하며, 베르베르어의 먼 친척에 해당하는 언어다.

　마그레브가 이슬람의 영향 아래 들어가면서 베르베르인은 대부분 개종했다. 그럼에도 자신들은 무슬림일 뿐 아랍인이 아니라고 여기며, 독자적인 문화를 지켜오고 있다. 사회적 성공 수단으로 아랍어가 널리 수용되기는 했어도, 베르베르인들이 베르베르어에 가지고 있는 자부심은 대단하다. 베르베르인들은 아랍화 정책에 반대하며 자신들의 정체성을 지키는 하나의 방편으로 고유 언어를 버리지 않고 꾸준히 사용하고 있다.

　특히 알제리 동북부 산악 지대에 거주하는 카빌족은 아랍 문화권이 된 지 1,300년이 지난 현재까지 독자적인 정치 조직, 문화, 생활 방식 등을 유지하며 베르베르어를 지키고 있다. 그들은 아랍 이슬람화 정책에 맞서 싸워왔고, 알제리 독립 이후에도 아랍화 정책을 추진하는 정권에 저항해왔다. 프랑스가 다스리던 시대에는 널리 사용되기 시작한 프랑스어를 받아들일 수밖에 없었지만, 식민 통치에 맞서 강력한 독립운동을 벌이면서 고유한 언어와 문화를 기반으로 민족적 정체성을 확립해왔다.

원래 베르베르라는 말은 그리스어 βάρβαρος(barbaros)가 라틴어를 거쳐 만들어진 말이며, '말을 알아들을 수 없는 이방인'이라는 뜻이다. 이 단어는 로마에서 북아프리카의 여러 민족을 통칭하는 단어로 쓰이면서 널리 퍼졌지만, 베르베르인들은 스스로를 '자유로운 사람, 고귀한 사람'이라는 뜻을 지닌 '아마지그, 타마지그'라고 부르며('아-'는 남성에게, '타-'는 여성에게 붙는 접사다), 자신들의 언어를 '타마지그트'라고 부른다.

신베르베르 문자

카빌족이 주로 거주하는 알제리 카빌리 지역은 베르베르의 정체성 회복에 가장 적극적인 곳으로, 이곳에서는 프랑스 지배 아래에 있던 1870년부터 베르베르어를 교육하기 시작했다. 프랑스에서 독립한 이후 베르베르어를 공식화하고 알제리에서 베르베르인의 정체성을 인정해줄 것을 요구하는 대규모 시위가 1980년 카빌리에서 발생했는데, 이를 '베르베르의 봄'이라고 부른다. 베르베르어는 2002년에 공적 분야에서 사용을 강제하지 않는 국가 언어

신베르베르 문자로 쓰인 표지판(왼쪽)과 신베르베르 문자로 쓰인 음료수 병(오른쪽)

로 인정되기는 했지만, 현재까지도 국가 공식어로 인정받기 위한 노력이 계속 이어지고 있다.

사실 베르베르어를 지키기 위한 베르베르인들의 노력은 알제리에 앞서 오히려 모로코에서 먼저 빛을 보았다. 2003년 모로코에서는 정치적인 이유로 베르베르어를 국가 언어로 지정했으며, 신베르베르 문자, 즉 네오티피나그(Neo-Tifinagh)를 베르베르어를 적는 공식적인 문자로 인정했다. 이어 2011년에는 베르베르어를 국가 공식어 중 하나로 인정한 바 있다.

신베르베르 문자는 사하라 사막에서 유목 생활을 하는 투아레그족이 사용해오던 베르베르 문자를 기초로 만든 문자다. 모로코를 제외한 다른 지역의 베르베르인들은 오랫동안 사용해온 아랍문자 또는 프랑스의 지배를 받던 시기에 라틴 문자를 변형해 만든 문자를 더 많이 사용하기는 하지만, 신베르베르 문자를 사용하는 지역이 점차 확대되는 추세라고 한다. 신베르베르 문자는 4개의 자음기호를 포함하여 모두 33개의 기호로 이루어진 음소문자다.

표 3-5 **신베르베르 문자**

소릿값	신베르베르 문자	소릿값	신베르베르 문자
a	o	l	Ħ
b	⊖	m	Ⴀ
g	Ⴟ	n	ǀ
gʷ	Ⴟ˗	u	⁝
d	Λ	r	O
ḍ	E	ṛ	Q
e	÷	gh	Ϥ
f	Ⅱ	s	⊙
k	Ⴕ	ṣ	♂
kʷ	Ⴕ˗	c	Ɇ
h	Ⴔ	t	+
ḥ	ᐟ	ṭ	Ɇ
ʕ(ɛ)	ᚻ	w	Ш
x	Ⅹ	y	⟩
q	Ⴈ	z	ⵣ
i	Ɛ	ẓ	ⵣ
j	ⵉ		

프랑스의 베르베르인

알제리는 1830년 프랑스에 점령된 이후 독립할 때까지 132년 동안 프랑스의 식민 통치를 받았다. 인접한 모로코와 튀니지는 이전부터 국가를 이루고 있었기에 프랑스의 보호령이 되는 데 그쳤지만, 국가 형태를 이루지 못한 알제리는 아프리카 식민지 개척의 교두보로서 프랑스가 특히 중요하게 여긴 지역이었다.

알제리는 프랑스 남부 마르세유에서 보면 지중해 바로 건너편 아프리카에 위치해 지리적으로 가깝다. 뿐만 아니라 아프리카와 이슬람 세계에서 가장 면적이 넓은 나라이며 석유 등 각종 천연 자원이 풍부한 곳이었기에, 프랑스는 막대한 희생을 무릅쓰고서라도 알제리를 자신의 영토로 유지하려고 했다. 1954년부터 알제리에서 독립을 위한 전쟁이 시작되면서 1962년 독립할 때까지 200만 명에 이르는 알제리인과 9만 명에 이르는 프랑스인이 희생되었다.

수세대에 걸쳐 알제리에 살고 있던 100만 명 이상의 프랑스계 이민자들이나 유대인들은 알제리가 독립한 이후 프랑스로 돌아왔는데, 프랑스에서는 이들을 '검은 다리'라는 뜻의 '피에 누아르(Pieds-noirs)'라고 불렀다. 철학자 자크 데리다, 작가 알베르 카뮈, 디자이너 이브 생로랑, 배우 이자벨 아자니, 가수 엔리코 마시아스 등이 피에 누아르에 속한다.

현재 프랑스에 거주하고 있는 650만여 명의 무슬림 중에 약

500만 명이 알제리계 주민이며, 프랑스에서 프랑스어 외에 가장 많은 인구가 사용하는 언어가 베르베르어인 것도 프랑스와 알제리의 오랜 역사적 관계를 잘 보여준다.

베르베르어로 번역된 요한복음(왼쪽)과 프랑스 만화(오른쪽)

콥트 문자

그리스의 영향을 받은, 이집트의 네 번째 문자

- **시기** 기원후 3세기~9세기경
- **지역** 이집트
- **특징** 표음문자-음소문자
- **언어** 아프로아시아어족-콥트어

콥트 문자

콥트 문자(Coptic alphabet)는 그리스 문자를 기반으로 만든 이집트 최초의 음소문자다. 아울러 그리스 문자에는 대응되는 글자가 없는 콥트어의 음소를 표기하기 위해 고대 이집트의 민중문자(demotic)에서 추가로 글자 7개를 차용했다. '콥트'라는 말은 '이집트 토착민'을 뜻하는 그리스어 '아이깁토스(Aigýptios, Αἰγύπτιος)'의 아랍 방언인 qibt에서 유래한 것이다. 나중에는 이슬람화하지 않

콥트 문자로 쓰인 성경

은 이집트인, 즉 콥트 그리스도교를 믿는 이집트인을 가리키는 말
이 되었다.

　기원후 3세기경 콥트 문자가 생겨나게 된 가장 큰 배경은 종교
적인 필요성이었다. 이집트가 그리스도교를 받아들이는 과정에서
그리스도교와 관련된 경전이나 전례 문헌을 당시 이집트어, 즉 콥
트어로 번역하는 데에 콥트 문자가 주로 사용된 것이다. 전통적으
로 사용되어온 이집트 문자는 배우기 어려웠고 모음을 표기할 수
없어 불편했을 뿐만 아니라, 이집트 문자 자체가 그리스도교와는
다른 종교적 토대에 기반한 것이어서 그리스도교와 융합하기가
쉽지 않았기 때문이다.

표 3-6 콥트 문자와 그리스 문자, 이집트 민중문자의 비교

콥트 문자	그리스 문자	소릿값	콥트 문자	그리스 문자	소릿값	이집트 문자
Ⲁⲁ	A, α	a	Ⲣⲣ	P, ρ	r	
Ⲃⲃ	B, β	b	Ⲥⲥ	Σ, σ, ς	s	
Ⲅⲅ	Γ, γ	g	Ⲧⲧ	T, τ	t	
Ⲇⲇ	Δ, δ	d	Ⲩⲩ	Υ, υ	u	
Ⲉⲉ	E, ε	ə	Ⲫⲫ	Φ, φ	p^h	
Ⲋⲋ	Ϛ, ϛ	st	Ⲭⲭ	X, χ	k^h	
Ⲍⲍ	Z, ζ	z	Ⲯⲯ	Ψ, ψ	ps	
Ⲏⲏ	H, η	e:	Ⲱⲱ	Ω, ω	o:	
Ⲑⲑ	Θ, θ	t^h	Ϣϣ		š	
Ⲓⲓ	I, ι	i	Ϥϥ		f	
Ⲕⲕ	K, κ	k	Ϧϧ		x	
Ⲗⲗ	Λ, λ	l	Ϩϩ		h	
Ⲙⲙ	M, μ	m	Ϫϫ		j	
Ⲛⲛ	N, ν	n	Ϭϭ		c	
Ⲝⲝ	Ξ, ξ	ks	Ϯϯ		ti	
Ⲟⲟ	O, o	o	Ⳁⳁ		—	
Ⲡⲡ	Π, π	p				

이집트의 네 번째 문자

콥트 문자는 이집트에서 사용된 네 번째 문자로서, 상형의 원리에 기반을 두었던 성각문자와는 다른 계통의 표음문자가 탄생한 것이다. 그리스 문자는 이집트 문자(성각문자, 사제문자, 민중문자)가 원시 시나이 문자, 페니키아 문자를 거쳐 이루어진 문자인데, 이집트에서는 다시 그리스 문자를 빌려 새로운 문자를 만들었다. 콥트 문자는 이집트 언어의 역사에서 처음으로 발음 체계를 온전하게 표기하는 체계라는 의미에서 매우 특별한 의미를 갖는다. 콥트 문자는 641년 이집트가 이슬람화한 이후에도 9세기까지 사용되었으며, 이집트의 콥트 교회에서는 현재도 전례용 문헌 등에 쓰이고 있다.

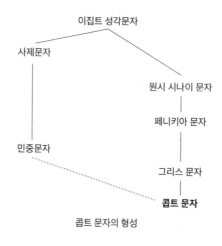

콥트 문자의 형성

콥트어

콥트어는 아프로아시아어족에 속하는 언어로서, 기본적으로 이집트어에 근간을 두고 있지만, 단어 중 약 3분의 1은 그리스어에서 차용한 것이다.

기원전 323년 그리스·마케도니아의 프톨레마이오스 왕조가 이집트를 다스리기 시작하면서 이집트는 헬레니즘 문화권의 일부가 되었다. 고대 이집트의 전통 종교와 풍습은 그대로 지켜졌지만, 그리스어와 그리스 문자가 이집트어에 큰 영향을 미치게 된 것이다. 콥트어와 콥트 문자가 등장했다는 사실은 이집트가 그리스도교 국가로 변했다는 거대한 역사적 사실을 상징한다.

기원전 1세기 이집트가 로마에 의해 멸망하고 동로마 제국의 통치를 받은 이후에도 이집트의 헬레니즘 문화는 계속 유지되었으며, 프톨레마이오스 왕조 때부터 사용해온 공용어인 그리스어와 콥트어를 사용하는 이중언어 상태에 있었다. 그러나 7세기경 이슬람에게 정복당한 뒤 그리스어를 대신해 아랍어가 공적 언어로 쓰이면서 이집트는 그 후 300~400년 동안 새로운 이중언어 상태가 되었다.

11세기 이후 이집트의 모국어가 아랍어로 대체되어 지배적인 일상적인 언어로 쓰이면서 콥트어는 점차로 쇠퇴했지만, 13세기까지 이집트에서 공용어로 사용되었다. 16세기 일상생활에서 구어로서 수명을 다한 이후에도 동방 그리스도교의 경전과 종교 문헌에 사용되고 있으며, 18세기 무렵까지 전례 언어로 사용되었다. 지금도 콥트어 성경이 사용되고 있지만, 콥트 교회에 대한 탄압과 아랍어의 일상화로 사멸될 위기에 놓여 있다.

콥트어는 고대 이집트어의 직계 후손에 해당하는 언어이므로 고대 이집트 문명 당시의 언어를 연구하는 중요한 자료로 활용된다. 샹폴리옹이 로제타석의 문자를 해독하는 과정에서 이집트 성각문자가 표음문자의 기능을 하고 있음을 밝혀낼 때에도 콥트어에 관한 지식이 크게 기여했다.

콥트 정교회

콥트 정교회는 그리스도교 중 오리엔트 정교회(Oriental Orthodox Church)의 한 종파다. 예수라는 존재 안에 인성(人性)과 신성(神性)이라는 두 개의 본성이 공존한다는 칼케돈 공의회(기원후 451)의 신학을 받아들이지 않고 로마 가톨릭교회에서 분리되어 나왔다. 이슬람의 오랜 종교적 탄압에도 굴하지 않고 현대까지 교세를 이어와 현재에도 많은 신자가 남아 있다. 이집트 인구의 25퍼센트 정도가 콥트 정교인이며, 이집트 내 그리스도교인 중에서는 95퍼센트가 콥트 정교인이라고 한다.

4장

서아시아의
문자들

시리아 문자

동서양 문명의 교류를 담당했던 문자

- **시기** 기원후 1세기~현재
- **지역** 서아시아(특히 시리아 북부, 이라크 등)
- **특징** 자음문자
- **언어** 시리아어, 소그드어

시리아 문자

약 1,000년 동안 아시아 및 북아프리카 등 넓은 지역에서 사용된 아람 문자는 기원전 3세기부터 서아시아의 여러 지역에서 다양하게 변화하기 시작한다. 그중 기원후 1세기경 시리아에서 발달한 문자가 시리아 문자(Syriac alphabet)다. 아람 문자에서 발달한 여러 문자들의 상관관계에 관해서는 학자들마다 조금씩 다른 의견을 보여준다. 시리아 문자가 아람 문자에서 바로 발달한 것으로 보기도

시리아 문자로 된 〈어린 왕자〉

하지만, 팔미라 문자 등을 거쳐 발달한 것으로 보는 의견도 있다.

아람 문자 계열의 여러 문자와 마찬가지로, 시리아 문자는 기본적으로 오른쪽에서 왼쪽으로 쓰는 22개의 자음문자다. 시리아 문자는 '에스트랑겔라'라고 불렸는데, 이는 '둥글다'라는 뜻을 가진 그리스어(στρογγύλη, strongylē) 또는 '복음서의 문자'라는 뜻의 시리아어(ܣܶܪܛܳܐ ܐܶܘܘܰܢܓܶܠܳܝܳܐ, serṭā 'ewwangēlāyā)에서 온 것으로 추정된다.

시리아어

시리아어는 시리아, 레바논, 튀르키예, 이라크를 중심으로 사용된 아프리카아시아어족의 셈어파에 속하는 언어다. 페르시아 제국의 공용어였던 아람어는 페르시아가 멸망한 이후 서부 방언과 동부 방언으로 갈라지는데, 시리아어는 기원후 1세기경 아람어의 동부 방언에서 발달했다. 그렇기 때문에 시리아어를 아람어라고 부르기도 하며, 거꾸로 아람어를 시리아어라고 부르는 경우도 있다.

시리아어가 사용된 중심지는 에데사(오늘날 튀르키예의 우르파)다. 에데사는 알렉산드로스 왕이 죽은 후에 이 지역에 세워진 셀레우코스 제국 때부터 발전하기 시작했으며, 기원후 212년 로마 제국에 병합되면서 중요한 도시가 된다. 특히 에데사는 그리스어를 사용하지 않는 지역 중에서 그리스도교가 처음 전파된 곳으로서, 시리아 문화권 내에서 그리스도교 공동체의 중심지로 부상하게 된다. 이러한 과정에서 시리아어는 비잔티움 제국에서 그리스어에 이어 주요 언어가 된다.

에데사의 학자와 수도자들은 철학, 의학, 과학, 수학, 역사, 법률 등 고대 그리스의 주요 저술들은 물론, 그리스도교 관련 문헌들을 시리아어로 번역했다. 특히 3세기부터 7세기에 이르기까지 성경, 성경 주석, 신학서, 교리서, 기도문, 성인의 전기, 성가 등 초기 그리스도교 교회의 수많은 문헌이 시리아어로 번역되어 시리아 문자로 기록되었다.

기원후 200년경 간행된 시리아어 번역 성경을 '페시타'라고 부른다. 현재 남아 있는 성경들이 대부분 5세기 이후에 필사된 것인데 비하면, 페시타는 그보다 이른 시기의 원문을 정확하게 반영하

시리이 문자로 쓰인 성경(로미사)

고 있어서 필사 과정에서 필사자에 의해 변형된 부분을 구별할 수 있게 해준다는 점에서 큰 가치가 있다.

시리아어로 번역된 여러 문헌들은 다시 아랍어로 번역되어 이슬람 문명에도 크게 영향을 미쳤다. 시리아어와 아랍어는 둘 다 아프리카아시아어족의 셈어파에 속하는 언어이므로, 인도유럽어족에 속하는 그리스어를 아랍어로 바로 옮기는 것보다 훨씬 쉬웠다. 또한 시리아어는 사산 왕조의 페르시아에서 종교어와 무역어로 쓰이기도 했다.

따라서 시리아어는 원본이 사라진 고대 그리스의 학문 자료와 초기 교회의 중요한 경전들을 보전하고 있다는 점에서 매우 중요한 가치를 지니고 있을 뿐만 아니라, 그리스 문명과 이슬람 문명을 이어주는 중개 역할을 했다는 점에서도 의의가 있다.

7세기경 이슬람이 전파되면서 시리아 지역의 공용어는 아랍어로 바뀌었고, 시리아어는 주로 문학 언어나 전례 언어로만 사용되어왔다. 오늘날에도 스스로를 아시리아인으로 부르는 이들은 아직도 고대 시리아어를 사용한다.

시리아 교회의 분화

4세기경 그리스도교는 로마, 콘스탄티노플, 알렉산드리아, 안티오키아, 예수살렘의 다섯 개 교구로 나뉘어 있었으며, 이 중 로마를 제외한 네 개의 교구는 로마에서 보면 동쪽에 있었기 때문에 동방 교회라고 불렸다. 로마 교회에서는 라틴어가, 동방 교회에서는 그리스어가 전례 용어로 사용되었다.

시리아 교회는 원래 안티오키아 교구에 포함된 교회였다. 그러다가 431년 에페소 공의회에서 예수의 어머니인 마리아를 '하느님의 어머니'가 아니라 '그리스도의 어머니'로 불러야 한다고 주장하면서 동부 시리아 교회가 분리되어 나온다. 동부 시리아 교회의 입장은 예수가 신성(神性)과 인성(仁性)을 모두 가지고 있기는 하지만, 마리아는 신성을 가진 존재를 낳은 것은 아니라 인성을 가진 존재를 낳았을 뿐이라는 것이다. 이러한 생각을 크게 발전시킨 콘스탄티노플 총대주교 네스토리우스의 이름을 따라, 동부 시리아 교회는 네스토리우스파 교회라는 이름으로도 불린다.

한편, 서부 시리아 교회도 451년 칼케톤 공의회에서 예수의 인성은 신성 안으로 흡수되어버리고 신성이라는 하나의 본성만 남게 되었다고 주장하면서 기존 교회에서 분리된다. 이러한 단성론(單性論) 신학을 발전시킨 사제 야콥 바라데우스의 이름을 따라, 서부 시리아 교회는 야콥파 교회라고도 불린다. 두 번의 공의회 결과 시리아 교회 전체가 기존 교회로부터 분리되었는데, 이때 함께 나온 교회들은 시리아 정교회 외에도 콥트 정교회, 아르메니아 사도교회, 에티오피아 정교회 등이 있으며 이 교회들은 오리엔트 정교회(Oriental Orthodox Church) 또는 동방 독립 교회라는 이름으로 통칭된다.

참고로, 교황의 수위권 문제로 1054년 로마 교회에서 분리되어 나온 그리스 정교회, 러시아 정교회, 루마니아 정교회, 불가리아 정교회 등은 동방 정교회(Eastern Orthodox Church)라고 불러 오리엔트 정교회와 구분한다. 이들 교회에 '정(正, orthodox)'이라는 단어가 추가된 것은 초기 교회의 전통을 원형 그대로 보전해온 교회임을 강조하는 것이다. 반면 로마 교회는 보편성을 강조하여 '가톨릭(catholic)'이라는 단어를 덧붙인다.

시리아 문자의 분화

시리아 교회가 동서로 분리되면서, 시리아 언어와 문자 역시 동부와 서부 두 종류로 나뉜다. 동부 시리아 문자는 기존의 시리아 문자와 비슷한 모양으로, 오늘날 사용되는 시리아 문자도 동부 시리아 문자에서 비롯되었다. 서부 시리아 문자는 기존의 시리아 문자보다 더 간단해지고 흘림체 형태로 변한다.

표 4-1 **아람 문자(A)와 시리아 문자(S), 동부 시리아 문자(E), 서부 시리아 문자(W)**

소릿값	ʾ	b	g	d	h	w	z	ḥ	ṭ	y	k
A	𐤀	𐤁	𐤂	𐤃	𐤄	𐤅	𐤆	𐤇	𐤈	𐤉	𐤊
S											
E											
W											

소릿값	l	m	n	s	ʿ	p	ṣ	q	r	š	t
A											
S											
E											
W											

 이 두 문자에서 모음을 표기하기 위한 방법이 각각 발달한다. 동부 시리아 문자는 구별점을 이용해 모음을 나타내고, 서부 시리아 문자는 그리스 문자 중 모음기호를 변형해 조그맣게 표기하는 식으로 모음을 나타낸다.

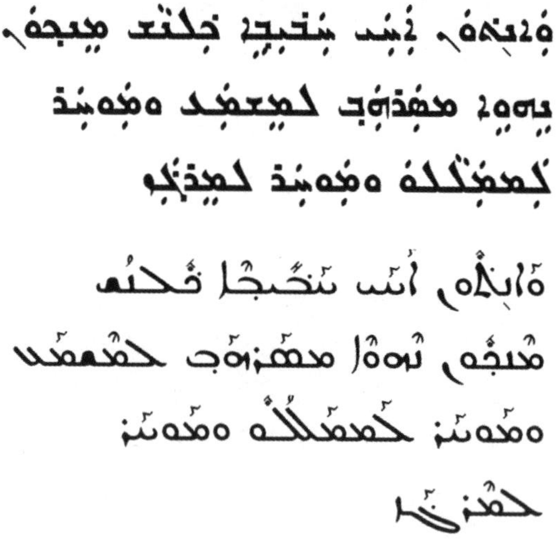

ܘܲܪܸܓܿܫܵܘܢ ܢܸܒܼܘܼܢ ܡܿܬܒܼܝܼܕ ܓܸܠܢܸܟ ܡܸܫܝܼܟܼܘܼ
ܝܼܘܿܡ ܡܿܗܕܼܝܼܘܿܬ ܠܡܸܥܡܸܕ ܘܡܿܥܡܸܕ
ܠܡܸܡܿܠܟܼܗ ܘܡܿܥܡܸܕ ܠܡܸܕܼܪܟܼܘ

ܘܵܐܝܼܠܵܐܗ ܐܵܢܵܐ ܐܵܢܵܐ ܢܸܟܿܫܒܼܠ ܦܸܟܼܠܸܐ
ܡܸܒܼܥܸܐ ܢܘܵܗܿܐ ܡܿܩܸܡܿܘܿܓ ܠܩܿܡܩܸܠ
ܘܡܿܘܿܢܼܹܡ ܠܡܸܡܸܠܟܼܗ ܘܡܿܘܿܢܼܹܡ
ܠܩܿܢܼܝ ܓܼܪ

동부 시리아 문자(위)와 서부 시리아 문자(아래)

네스토리우스교와 경교

네스토리우스파 교회는 니시비스(현재 튀르키예 누사이빈)와 티크리스 강변의 셀레우키아(현재 이라크 바빌 주 인근)를 거쳐 동쪽으로 선교를 계속해나갔으며, 한때 파르티아와 사산 왕조의 페르시아에서 널리 전파되었다. 이후 페르시아의 국교였던 조로아스터교와 충돌하는 등 정치적·종교적인 이유로 박해가 시작되자, 이를 피하는 과정에서 5세기경 중앙아시아의 주요 도시로 진출했다. 특히 국제교역에 종사했던 소그드인들이 네스토리우스교를 받아들임에 따라 635년 당나라에까지 선교할 수 있게 된다. 또한 모든 종교

네스토리우스교 사제(오른쪽)가 그려진 당나라 벽화(7~8세기)

에 너그러웠던 몽골 제국 및 원나라에서도 크게 번성하여 아시아 내륙 여러 곳으로 퍼져나가기도 했지만, 이슬람교와 불교에 밀려 14세기 이후 거의 사라지게 된다.

중국에서 네스토리우스교는 '빛의 종교'라는 뜻의 경교(景敎)라는 이름으로 불린다. 또한 당시의 네스토리우스교 사제가 페르시아 출신이었기에 '페르시아 교회'라는 뜻의 파사사(波斯寺)라고 불리다가, 나중에 로마를 의미하는 '대진'을 취해 대진사(大秦寺)라고 바뀐다. 경교는 한때 크게 교세를 떨쳤지만, 845년 당 무종이 불교를 탄압할 때에 함께 박해를 당했으며 878년 '황소의 난' 등 정치적 흐름에 휘말려 중국 본토에서 소멸된다.

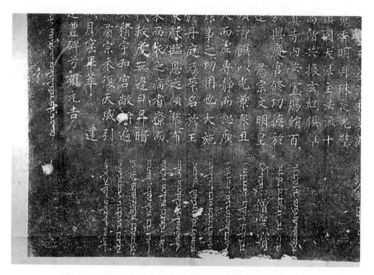

한자와 시리아 문자로 쓰인 대진경교유행중국비(부분)

중국에서 경교의 위치를 잘 보여주는 자료는 781년 건립된 '대진경교유행중국비(大秦景教流行中國碑)'다. 2.8미터 높이의 이 비석에는 40여 개의 단어로 구성된 시리아 문장이 붙어 있으며, 60여 명의 경교 사제의 이름이 한자와 시리아 문자로 적혀 있다. 이 비석은 땅에 파묻혔다가 840년이 지난 1623년에 다시 발견되어 지금은 중국 시안(西安)의 비림박물관에 소장되어 있다. 이 비석은 근대에 서방 그리스도 교회가 중국에 전해지기에 훨씬 앞서 동방 교회가 먼저 들어왔음을 알려주는 중요한 자료로서, 고대 동서 문화 교류의 일면을 잘 보여준다.

한편, 발해나 신라의 유물 중에서 십자가 모양을 한 것들이 발견되어, 한반도에도 경교가 전래되었을 가능성을 보여준다. 하지만 아직 해결되어야 할 문제가 많아 가설에 그치고 있다.

시리아 문자의 문자학적 의의

시리아 문자는 문자의 발달 과정에서 몇 가지 중요한 의의를 가진다.

첫째, 구별점이 발달했다. 자음문자는 모음을 따로 표기하지 않으므로 때에 따라 다르게 읽힐 가능성이 높다. 이처럼 글을 읽을 때 혼동의 여지가 있는 경우 찍는 점을 구별점이라고 한다. 예를 들어, 오른쪽 그림의 첫 번째 행과 같이 mlk라고 적으면 이 단어는 '왕'(malka) 또는 '조언하다'(melka)라는 두 개의 뜻을 가진다. 보통은 문맥으로 두 단어를 구별할 수 있지만, 그러지 못할 경우에는 위에 점을 찍어 malka를, 아래에 점을 찍어 melka를 나타낸다. 이외에도 단수/복수 또는 파열음/마찰음을 구별하기 위해 구별점을 사용하기도 했다.

ܒ	[b]	ܬ	[t]	ܕ	[d]
ܒ	[w]	ܬ	[θ]	ܕ	[ð]

둘째, '읽기의 어머니(matres lectionis)' 원리가 사용되었다. 이 원

리는 자음문자 중 일부가 모음을 나타내는 데에도 사용되는 것으로서, 자음문자에서 모음을 인식하는 과정을 보여준다. 즉, ܐ, ܘ, ܝ는 각각 자음 /ʔ, w, j/을 나타내는 글자이지만, 이 글자들이 단어의 끝에서는 각각 모음 [a], [u, o], [i, e]를 나타내는 것이다. 이 원리는 일찍이 우가리트 문자, 페니키아 문자 등에서도 보였지만, 아람 문자, 히브리 문자, 아랍 문자 등에서 널리 사용된다.

셋째, 모음 표기가 발달했다. 읽기의 어머니 원리에 따라 모음을 인식하게 된 결과, 〈표 4-2〉와 같이 동부 시리아 문자에서는 기존의 구별점을 모음 표기로 확대했으며, 서부 시리아 문자에서는 그리스 문자의 모음 글자를 변형해 모음을 표기하는 데에 쓰고 있다. 이와 같은 모음 표기는 아직 보조기호에 불과하지만, 자음문자에서 음소문자로 발달하는 과정을 보여준다는 데에서 의의

표 4-2 두 시리아 문자의 모음 표기

모음	단어	동부 시리아 문자		서부 시리아 문자	
a	ʼabbā	ܐܰܒܳܐ	위아래 각각 한 점	ܐܰܒܳܐ	A와 관련
ā	ʼabbā	ܐܳܒܳܐ	위 두 점	ܐܳܒܳܐ	α와 관련
e/ē	zeblā	ܙܶܒܠܳܐ	아래 두 점	ܙܶܒܠܳܐ	ε와 관련
i/ī	shīn	ܫܺܝܢ	y 아래 한 점	ܫܺܝܢ	I와 관련
ō	qōp	ܩܽܘܦ	w 위 한 점	—	표기 없음
ū	kūl	ܟܽܘܠ	w 아래 한 점	ܟܽܘܠ	OY와 관련

4장 | 서아시아의 문자들

가 있다.

넷째, 하나의 문자가 위치에 따라 모양이 바뀐다. 비유를 들자면, ㄱ의 모양이 '가방(ㄱ⋯), 아가(⋯ㄱ⋯), 이삭(⋯ㄱ)'과 같이 단어 내에서의 위치에 따라 달라지는 것이다. 시리아 문자 중 일부 자음은 단어의 처음, 단어 중간, 단어의 끝에 따라 문자 모양이 달라지는데, 이는 이전의 문자에서와는 달리 시리아 문자에서 단어별로 글자를 쭉 이어 쓰기 시작해서 생겨난 관습으로 보인다. 예를 들어, 단어 중간에 있을 때에는 다음과 연결하기 위해서 ᷇, ᷋라고 쓰지만, 단어 끝에서는 마무리를 짓는다는 의미로 끝을 가볍게 올리거나 내려서 ᷇, ᷋처럼 되는 것이다. 이러한 표기 방식은 이후 소그드 문자, 위구르 문자, 몽골 문자, 만주 문자 등에서 그 전통을 이어간다. 이외에도 〈표 4-3〉과 같이 단어 속 위치에 따라 글자의 모양이 달라진다.

표 4-3 위치에 따라 바뀌는 모양

k	ܟ ܟ ܟ
m	ܡ ܡ ܡ
n	ܢ ܢ ܢ

다섯째, 모음으로 시작하는 단어에서 소릿값이 없는 글자를 쓴다. 〈표 4-4〉에 제시하는 단어들은 모두 처음에 ܐ로 시작하며, 모음으로 시작하고 있음을 보여주는 표지로서 기능한다. 이는

마치 한글의 ㅇ이 가진 기능과 동일하다는 점에서 주목할 만하다. 즉, '아가'에 쓰인 ㅇ은 아무런 소릿값이 없으며 단지 모음으로 시작하는 단어임를 표시하는 기능과 일치하는 것이다.

표 4-4 **모음으로 시작하는 단어와 시리아 문자**

시리아 문자	단어	발음
ܐܫܠܡ	'šlm	ašlem
ܐܬܢ	'ttn	attēn
ܐܢܐ	'n'	enā
ܐܬܕܗܩ	'tdhq	etdheq

5장

중앙아시아의
문자들

소그드 문자

실크로드의 문자

- **시기** 기원후 3세기~10세기
- **지역** 중앙아시아
- **특징** 표음문자-자음문자
- **언어** 소그드어

소그드인

소그드인은 이란 계통의 민족으로, 중앙아시아의 소그디아나 (오늘날 우즈베키스탄의 사마르칸트, 부하라와 타지키스탄의 수그드 일대)에 기반을 두고 활동했다. 소그디아나는 아시아의 중앙에 위치하고 있어서, 동서로는 중국 장안(오늘날 시안)에서 둔황(敦煌)을 지나 동로마의 비잔티움(오늘날 콘스탄티노플)을 연결하고, 남북으로는 인도와 중앙아시아를 연결하는 실크로드의 중심지였다. 소그드인

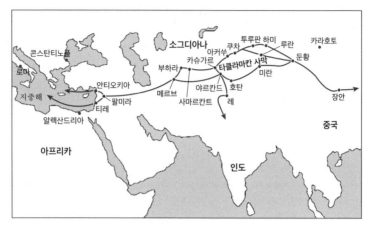

소그디아나와 실크로드

들은 이러한 지리적 이점을 활용해 실크로드의 국제 상권을 주도
적으로 이끌었고, 동서양 문명과 문화가 교류하는 데에 큰 역할을
했다.

특히 '실크로드의 심장', '동방의 로마', '동방 세계 이슬람의 진
주'라고 불린 사마르칸트는 토지가 걸고 기름져서 포도, 목화 등
농업이 발달했고, 인접한 부하라는 수공업, 특히 양탄자 직조 기
술로 유명했다. 또한 유리, 은세공품, 장신구, 비파, 모직, 향료, 약
재, 석류, 호두, 오이, 마늘, 후추 등은 물론 기린, 사자, 코끼리에
이르기까지 로마, 페르시아, 인도 등지에서 들여온 많은 것들이
소그드인들을 통해 중국으로 전해졌으며, 우리나라에까지 이르
렀다. 또한 소그드인은 비단과 함께 인류의 4대 발명품이라고 할
수 있는 화약, 나침반, 종이, 활판 인쇄술을 중국에서 서쪽으로 전

달했다. 서양 사회가 바닷길을 열어 많은 영토를 얻고 지식을 대중화하여 유럽 중심의 세계사를 이루게 된 것은 이러한 문명의 전파에 힘입은 것이다.

여러 종교를 유연하게 수용했던 소그드인들을 통해 세계의 주요한 종교 역시 동쪽으로 전파되었다. 소그드인들은 인도의 불교 문헌을 중국으로 전해주었으며, 네스토리우스파 그리스도교(즉, 경교)의 주요 문헌과 중세 페르시아어로 되어 있던 마니교 경전을 소그드어를 거쳐 튀르크어 및 중국어로 번역해 전해주었다. 또한 소그드인은 이란계 종교인 조로아스터교를 중국으로 전파했고, 마니교가 위구르에서 번성한 것도 소그드인의 영향이다. 소그드인들이 중국에 전해준 그리스도교와 마니교, 조로아스터교를 중국에서는 세 개의 이방 종교라는 뜻의 삼이교(三夷教)라 부른다. 기원후 8세기 사라센 제국이 중앙아시아로 진출하면서 소그드인은 이슬람 문화와도 접하게 된다.

13세기 몽골의 침략을 받아 사마르칸트가 크게 파괴되면서, 실크로드에서 소그드인의 역할도 대폭 축소되었다. 이후 14세기에 이슬람교를 믿으며 튀르크어를 사용하는 몽골 계통의 티무르 제국에 포함되면서, 소그드인들은 예술, 문화, 건축, 문화, 학문 등에서 다시 큰 번영을 누리며 이슬람 세계에 커다란 영향을 미친다. 하지만 16세기부터 이 지역이 우즈베크의 왕조에게 침략을 받고 19세기 중엽에 러시아 제국에 복속되면서 소그드인들은 다른 민족에 흡수되어버린다.

소그드 문자

소그드 문자(Sogdian script)는 시리아 문자와 함께 동서 문명의 교류에서 중요한 역할을 한 문자다. 소그드 문자의 모양은 아람 문자와 유사하지만, 문자를 쓰는 원리는 시리아 문자와 마니교 문자의 영향을 받았다. 조로아스터교를 믿던 사산 왕조의 페르시아에서 박해를 피해 온 그리스도교와 마니교 신자들이 동쪽으로 진출해 중앙아시아에 이르는 과정에서 소그드 문자가 형성되었다.

소그드 문자라고 불리는 문자는 크게 세 종류가 있는데, 서간체, 정자체와 흘림체다. 서간체는 '옛날 편지들(Ancient Letters)'이라고 알려진 많은 양의 편지에 쓰인 문자인데, 소그드 문자 중 가장 오래된 것이며 아람 문자의 특징을 많이 가지고 있다. 이 편지들은 소그드 상인들이 교역 정보를 얻기 위해 주고받은 것으로, 4세기경의 여러 사건들이 생생하게 기록되어 있어 사료적 가치가

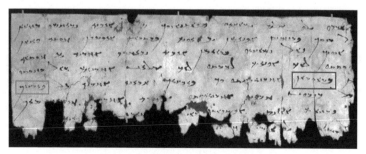

소그드 문자 서간체. 비단을 뜻하는 소그드어 pyrcyk가 보인다.

높다.

정자체와 흘림체 소그드 문자는 종교 경전의 번역서에 주로 나타난다. 특히 6세기경 불교 문헌을 기록하기 위해 정자체가 발달했고, 7세기경 나타난 흘림체가 나중에 위구르 문자로 발달한다. 이 문자들은 글자의 모양이 서로 엇비슷할뿐더러 자모가 단어별로 붙어 있어 해독하기가 쉽지 않다.

소그드 문자는 기본적으로 오른쪽에서 왼쪽으로 쓰지만, 6세기경 위에

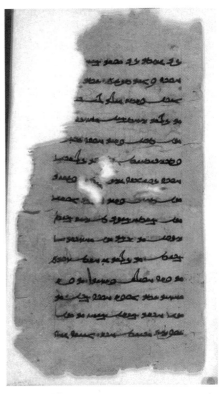

소그드 문자 정자체(이솝 이야기)

서 아래로 쓰는 서법도 아울러 발달한다. 또한 시리아 문자와 마찬가지로 하나의 글자가 단어 내에서 위치, 즉 어두, 어중, 어말에 따라 모양이 바뀐다. /ʔ, w, j/를 적는 자음자가 모음자로도 쓰이는 것('읽기의 어머니' 원리)과 모음으로 시작하는 단어에 소릿값 없는 글자(알레프)를 사용하는 것도 시리아 문자의 영향을 받은 것이다. 또한 장단음을 구별하기 위해 단어 중간에 있는 장모음 앞에도 알

표 5-1 아람 문자(A)와 소그드 문자 서간체(S1), 정자체(S2), 흘림체(S3)

소릿값	A	S1	S2	S3
'				
b				
g				
d				
h				
w				
z				
ḥ				
ṭ				
y				
k				
l				
m				
n				
s				
'				
p				
ṣ				
q				
r				
š				
t				

5장 | 중앙아시아의 문자들

레프 글자를 적는 관습이 생겨나서, 자음문자가 점차 모음을 표기하게 되는 과정을 잘 보여준다.

소그드 문자는 이후 동쪽으로 전해져서 위구르 문자, 몽골 문자, 만주 문자 등으로 이어진다. 한편, 이슬람 세력이 확장되면서 소그드 문자는 점점 사용이 줄어 아랍 문자로 대체된다.

소그드어

소그드어는 인도유럽어족의 인도이란어파에 속하는 중세 이란어의 일종으로, 현대 이란에서 사용되는 페르시아어 및 쿠르드어, 아베스타어 등과도 친족 관계에 있다. 소그드어는 소그드인들의 활약에 힘입어 중앙아시아에서 국제 공통어로 사용되었으며, 소그드 문자 외에 시리아 문자, 마니교 문자 등으로도 기록되었다.

소그드어로 기록되거나 소그드 문자로 쓰인 자료들은 실크로드에 있는 여러 도시에서 발견된다. 19세기 말 이래 둔황, 투루판(吐魯番), 투르키스탄, 판자켄트, 파키스탄 북부 등지에서 소그드 문서와 비문, 화폐 등 수많은 자료가 출토되고 있다. 특히 중국 둔황에서 발견한 많은 소그드어 문헌들이 해독되면서 소그드어, 소그드 문자에 관한 연구가 활발해졌고, 소그드인들의 활동이 널리 알려지게 되었다. 현재 프랑스, 영국, 독일에서 소그드 연구를 주도하고 있는 것도 둔황 발굴과 관련이 있다. 또한 영국박물관에서는

소그드어로 쓰인 많은 자료를 온라인*으로 공개하고 있어 큰 참고
가 된다.

소그드와 중국

중국은 자국의 서쪽인 중앙아시아와 서아시아를 '서역(西域)'이
라고 불렀으며, 중국의 역사서에서 소그드는 속특(粟特), 사마르
칸트는 강국(康國) 또는 살말건(薩末建) 등으로 기록되어 있다(《신
당서》서역전). 또한 수·당 시기에는 중앙아시아와 관련된 것에 '호
(胡)'를 붙여서, 소그드 상인은 호상(胡商), 소그드인이 유행시킨 의
상과 모자는 호복(胡服), 호모(胡帽), 소그드의 음악과 춤은 호악
(胡樂), 호무(胡舞)라고 했다. 이외에도 호장(胡帳), 호상(胡床), 호좌
(胡座), 호음(胡飮), 호적(胡笛), 호마(胡麻) 등 소그드를 통해 들여온
다양한 물품에 '호'가 사용된다. 우리말의 호두 역시 '호도(胡桃)'
가 변한 말이다.

당나라 때의 시인 이백과 백거이의 시에도 소그드 여성을 뜻하
는 '호희(胡姬)'와 빠르게 빙빙 돌면서 추는 이란계 춤인 호선무(胡
旋舞)가 등장한다. 8세기경 장안에서는 소그드인이 전해준 이국적
인 물품과 풍습이 크게 유행했는데, 이를 통틀어 '호풍(胡風)'이라
고 불렀다.

---

* http://idp.bl.uk

(왼쪽) 소그드인 악단이 묘사된 당나라 도자기. 호모, 호적, 비파 등이 보인다.
(오른쪽) 호선무를 추는 여인이 그려진 둔황 벽화

가는 비 내리고 봄바람에 꽃이 질 때면[細雨春風花落時]

말채찍 휘둘러 바로 호희(胡姬)에게 가서 술 마신다[揮鞭直就胡姬飮]

— 이백, 〈하얀 코 말白鼻騧〉 부분

좌우로 구르고 돌면서 피로한 줄 모르고[左旋右轉不知疲]

천만 번 돌고 돌며 그칠 때를 모르네[千匝萬周無已時]

— 백거이, 〈호선녀胡旋女〉 부분

특히 이백은 소그드 출신이어서 중앙아시아 문화에 관심이 많
았던 것으로 알려져 있으며, 당나라 때 난을 일으켰다가 실패한
안록산도 소그드인이었다. 소그드인들이 중국과 교역하면서 한자
이름이 필요하게 되자 자신들의 출신 도시를 나타내는 한자를 성

으로 채택했는데, 강(康)과 안(安)은 각각 사마르칸트와 부하라 출신들이 사용했던 성이다(중국 문헌에는 '온溫'도 소그드인의 성으로 기록되어 있어서, 《삼국사기》에 나오는 온달을 소그드 출신으로 보는 의견도 있다).

소그드와 한국

7세기 중반 제작된 아프라시아브 궁전 벽화에는 중국, 인도, 페르시아 등 여러 나라에서 온 사신들의 모습이 그려져 있는데, 그려진 인물들의 옷과 머리 모양으로 민족을 구분할 수 있다. 1965년에 사마르칸트 교외에서 발견된 이 벽화에 고구려 사신으로 추정되는 인물 그림이 있어 아주 이른 시기부터 한국은 소그드와 교류해왔음을 보여준다.

비교적 작은 체구에 새의 깃털을 꽂은 모자를 쓰고 허리에는 둥근 고리가 달린 긴 칼을 찬 채, 두 손을 소매에 넣고 공손히 서 있는 두 명의 인물들이 고구려 사신이다. 이 고구려 사신들은 왼쪽에 있는 세 명의 인물들과 비교해보면 복장이 크게 다르다는 것을 알 수 있다(그들은 머리에 원 모양의 머리 장식을 하고 다리에 각반을 하고 있으며 그중 한 명은 표범 무늬의 옷감을 들고 있다). 새의 깃털을 꽂은 모자를 조우관(鳥羽冠)이라고 하는데, 이 모자는 국내외 여러 벽화에서 당시의 한국인을 그릴 때 흔히 묘사된다.

신라의 유물 중에도 눈이 깊고 코가 크며 수염이 많은 무인상

아프라시아브 궁전 서쪽 벽화. 맨 아래 오른쪽 끝에 두 명의 고구려 사신이 보인다.

아프로시아브 벽화 복원 그림(부분)

이 여러 종류 보이며, 이 이국적인 모습은 페르시아 계통의 소그드
인을 모델로 한 것으로 추정된다.《삼국유사》에 기록된 〈처용가〉
의 주인공 처용도 조선 시대 간행된 음악 이론서《악학궤범》에 얼
굴 모습이 그려져 있는데, 역시 소그드인일 가능성이 높다. 또한
834년 신라 흥덕왕 때에 사용을 제한한 각종 사치품 목록 중에도

경주 원성왕릉 무인 석상

《악학궤범》에 그려진 처용 얼굴

중앙아시아에서 수입된 것이 여러 종류 언급되어 있다(《삼국사기》).
영국박물관에 소장된 고대 페르시아의 장편 서사시 〈쿠쉬나메〉에
도 페르시아 왕자가 신라 공주와 결혼하는 등 신라 관련 내용이
있어 흥미를 끈다.

이러한 자료들이 얼마나 역사적 사실을 담고 있는지를 확인하
려면 앞으로 더 연구가 필요하겠지만, 소그드와 고대 한국인들이
어떤 식으로든 접촉했음을 보여준다. 참고로 일본 나라 현 쇼소
인(정창원正倉院)에 보관되어 있는 당나라 유물 중에도 실크, 금속
공예품, 유리 제품, 악기 등 소그드인들의 것으로 판명된 유물이
많다.

위구르 문자

동서양 문화의 가교가 된 문자

- **시기** 8세기~17세기
- **지역** 신장, 카자흐스탄, 우즈베키스탄 등지
- **특징** 표음문자-음절 단위로 모아쓰는 음소문자
- **언어** 알타이어족-튀르크어파-위구르어

위구르 문자

위구르 문자(Old Uyghur alphabet)는 8세기경부터 중앙아시아의 위구르 제국(744~840)에서 널리 사용된 문자다. 위구르 문자는 주로 불교 관련 문헌을 중심으로 공문서, 법률, 천문, 의학 등 수많은 문헌과 자료를 기록하는 데에 500년 가까이 사용되면서 중앙아시아 튀르크 문화권의 문화생활에 크게 기여했다.

위구르 제국이 멸망한 이후에도 14세기경까지 사용되었으며,

오늘의 중국 간쑤(甘肅), 신장(新疆) 지역에서는 17세기까지 일부 사용되었다고 한다. 위구르 문자를 보통 '고대 위구르 문자'라고 부르는데, 현대 위구르 지역에서 사용하고 있는 아랍 문자와 구별하기 위한 것이다.

위구르 문자는 아람 문자에서 파생된 소그드 문자의 흘림체를 바탕으로 변화한 문자로서, 레반트 지역에서 발생한 셈어계 문자가 중앙아시아를 거쳐 동아시

위구르 문자로 기록된 자료

아로 전해지는 문자 발전 과정에서 중요한 역할을 담당한 문자다. 위구르 문자는 이후 위구르계 몽골 문자와 만주 문자로 이어지고, 파스파 문자 탄생에도 역할을 하게 되어, 세계 문자의 흐름이 아시아 북쪽으로 전달되면서 지역과 시대 그리고 언어에 맞추어 어떻게 변화되었는지를 살펴볼 수 있게 한다.

위구르인

튀르크인들은 유럽과 아시아 대초원 지역에서 2,000년간 크고 작은 수많은 국가를 건설했으며, 그중 위구르인은 몽골 고원에

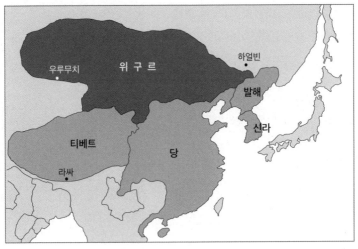

위구르 제국 시대의 동아시아(기원후 800년, 도시 이름은 현대 지명)

거주하던 튀르크 계통의 유목민이다. 이후 중앙아시아로 이주해 744년 돌궐 제국을 멸망시키고 위구르 제국을 세워 100년 가까이 존속하며 최대 전성기를 누렸다.

위구르인들은 유목 문화와 농경 문화를 바탕으로 동쪽으로는 당나라, 서쪽으로는 사마르칸트의 소그드인과 교류하여 동양 문화와 서양 문화를 융합하는 등 매우 다양하고 독특한 위구르 문화를 전개했다. 둔황, 투루판 등지에 남아 있는 문서와 벽화 등 많은 문화 유적을 통해 그 흔적을 엿볼 수 있다.

마니교, 조로아스터교, 불교, 네스토리우스교 등 여러 종교를 다양하게 신봉하던 위구르인은 10세기경부터 본격적으로 이슬람교를 받아들여 중국에 전파하는 역할을 했다. 당나라에서는 위구르를 한자로 음역하여 '회흘(回紇, 回鶻)'로 불렀으며, 이러한 이유로 중국에서 위구르인을 회족(回族)이라고 부르게 되었다. 이슬람교를 회교(回敎)라고 부르는 까닭 역시 위구르인이 믿던 종교라는 뜻에서 기인한 것이라고 한다.

13세기에 건국된 몽골 제국은 유목민 연합 국가로서, 위구르인 또한 중요한 위치를 차지하고 있었다. 이때의 위구르인들 중에는

〈쌍화점〉 가사가 실려 있는 조선 시대 가집 《악장가사(樂章歌詞)》

고려가 몽골의 영향력 아래에 있을 때 관리나 역관 등으로 한반도에 와서 정착한 이들도 있었다. 고려가요 〈쌍화점〉에 등장하는 회회아비도 고려에 거주하던 위구르인을 가리키는 말이다.

현대의 위구르인들은 중국 서북부의 신장 위구르 자치구와 우즈베키스탄, 카자흐스탄, 키르키스스탄, 튀르키예, 파키스탄 등 중앙아시아 일부 지역에 거주하고 있다.

소그드 문자에서 위구르 문자로

위구르 문자는 소그드 문자에서 변화한 것이므로, 페니키아 문자, 아람 문자 등 셈어계 문자의 속성이 다음과 같이 일부 남아

있다.

첫째, 위구르 문자는 '자음문자(abjad)'인 셈어계 문자와는 달리 모음을 따로 표기하기는 하지만, 모음 표기를 생략하는 관습이 일부 남아 있다. 이를테면 tengri(하늘)를 tnkry로, köngül(마음)을 kwnkwl로, yarlïγ(명령)을 yrlγ으로 표기한다.

둘째, 셈어계 문자의 알레프 용법을 물려받았다. 알레프 용법이란 모음으로 시작하는 단어의 처음에 특정한 소릿값 없이 사용되는 글자를 추가하는 것으로서, 한글 표기에서 'ㅏ버지, ㅓ머니'와 같이 모음으로 시작하는 단어에 소릿값 없는 ㅇ을 넣는 것도 이 용법의 흔적이다. 위구르 문자에서는 이 알레프 용법이 '가로선'으로 반영되어 있다. 다음 표에서 보듯이 어두 모음자의 모양과 어중 모음자의 모양이 소릿값 없는 가로선의 유무만으로 구별된다.

표 5-2 **위그르 문자의 알레프 용법**

모음	/a/	/ï, i/	/o, u/
어두 표기			
어중 표기			

셋째, 동일한 소릿값을 가진 글자라도 단어 내에서의 위치에 따라 다른 모양을 갖는 것 역시 셈계 문자의 전통을 이어받은 것이다.

표 5-3 위치에 따라 달라지는 문자 모양

소릿값 \ 위치	어두	어중	어말
/r/	▟	◢	◥
/t/	◓	◞	◗

넷째, 서로 다른 소리를 동일한 글자로 표기하는 것도 일부 이어받았다. 예를 들어, 어중과 어말의 n은 a를 나타내는 글자와 같은 글자로 표기된다.

위구르 문자가 소그드 문자와 달라진 점은 주로 다음과 같다.

첫째, 위구르 문자는 왼쪽에서 오른쪽으로 세로로 쓴다. 이는 오른쪽에서 왼쪽으로 가로쓰기를 위주로 하는 소그드 문자를 시계 반대 방향으로 90도 회전한 모양이다. 불교 전적 등에서 한문과 나란히 쓰기 위해서 서사 방향이 바뀐 것으로 보인다.

둘째, 모음을 본격적으로 표기했다. y, w를 표기하던 문자를 사용해 각각 모음 ï/i, o/u를 표기하게 된 것이다. 다만, ï/i, o/u, ö/ü를 하나의 글자로 표기하는 등 모든 모음을 정확하게 표기한 것은 아니었다. 특히 어중에서는 w에 해당하는 글자가 원순모음 o/u/ö/ü를 모두 맡아 표기했는데, 이런 표기 때문에 위구르어를 모르는 경우에는 읽기가 쉽지 않다. 다만 위구르어는 모음조화를 가지고 있으므로, 이를 활용하면 어느 정도 판별이 가능하기는 하다.

셋째, 위구르 문자는 하나의 글자로 두 개 이상의 소리를 적는 경우가 있다. 자음의 경우 p/b, k/g, t/d를 구별하지 않고 하나의 글자로 적는다. 또한 ŋ는 nk의 두 글자로 표시한다.

위구르 문자에서 몽골 문자로

위구르 문자는 13세기 초 몽골어를 표기하는 데 차용되어, 위구르계 몽골 문자로 발전한다. 몽골 제국에 참여한 위구르인들이 초기에 특히 기록관이나 서기를 담당하는 일이 많았기 때문이다.

위구르계 몽골 문자는 몽골의 지배 아래에서 매우 폭넓게 사용되었지만, 몽골인민공화국에서는 1944년에 위구르계 몽골 문자

위구르계 몽골 문자, 키릴 문자, 로마자가 함께 쓰인 간판. 몽골 울란바토르 거리
(필자 사진)

를 버리고, 키릴 문자를 차용했다. 러시아의 영향이 약화된 이후 몽골의 정체성을 보여주는 상징으로 1991년 다시 부활시켜 사용하기 시작했지만, 오랜 기간 키릴 문자를 사용하던 관습과 몽골어를 제대로 표기하기 어렵다는 한계 때문에 널리 사용되지는 않는다. 중국의 네이멍구 자치구에서는 위구르계 몽골 문자가 한자와 더불어 줄곧 사용되었다.

위구르계 몽골 문자는 다시 만주 문자를 낳는다. 만주 문자는 수백 년간 청 제국에서 널리 사용되었다.

파스파 문자

훈민정음을 만들 때 참조한 문자

- **시기** 1269년~1368년
- **지역** 몽골 등 중앙아시아
- **특징** 표음문자-변형된 음소음절문자
- **언어** 알타이어족-몽골어

파스파 문자

파스파 문자('Phags-pa script)는 몽골 제국을 세운 쿠빌라이 칸(재위 1260~1294)의 명에 따라 티베트 승려 파스파(八思巴, 1235~1280)가 티베트 문자를 참고하여 만든 문자다. 몽골 통치 아래 있는 여러 민족이 제각기 사용하던 문자들은 해당 언어에만 적합할 뿐 다른 언어를 적기는 어려웠다. 이를테면 몽골에서는 당시에 이미 위구르 문자를 수정해 만든 위구르계 몽골 문자가 널리 사

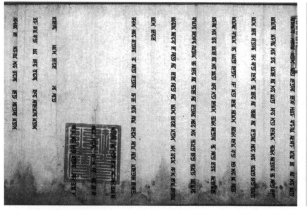

(왼쪽) 파스파 문자로 쓰인 황제의 명령 문서(1277~1289)
(오른쪽) 한자의 발음을 파스파 문자로 표기한 책, 《몽고자운(蒙古字韻)》

용되고 있었지만, 이 문자는 모음 ö, ü를 제대로 표기할 수 없었다. 이런 이유로 파스파 문자는 몽골어를 비롯해 한어(漢語), 티베트어, 위구르어, 산스크리트어, 튀르키예어 등 여러 언어를 모두 표기하 겠다는 목적으로 만들어진 문자다. 파스파 문자는 위구르계 몽골 문자에 대비되어, '몽고신자(蒙古新字)'라는 이름으로도 불렸다.

파스파 문자는 1269년 공포된 후 공문서, 인장, 화폐, 비문, 여 행증명서 등에 사용되었지만, 1368년 원나라가 멸망하면서 더 이 상 사용되지 않았다. 기존 위구르계 문자에 비해 훨씬 정확한 표 기가 가능했지만, 배우기 어렵고 쓰기에도 복잡했기 때문이다. 특 히 한어를 적을 때 한자와 병기하지 않으면 성조를 구별할 수 없 어서 문맥상 의미가 혼동된다는 점이 문제가 되었다.

　　　　　　　　　　　　　　　5장 l 중앙아시아의 문자들

파스파 문자와 티베트 문자

〈표 5-4〉를 보면 파스파 문자와 티베트 문자의 자형 간의 유사
성이 잘 드러나 있다. 다만, 티베트 문자는 가로쓰기를 하지만, 파
스파 문자는 위구르계 몽골 문자와 한자의 영향으로 세로쓰기를
한다는 차이가 있다.

표 5-4 파스파 문자와 티베트 문자의 비교

파스파 문자	티베트 문자	파스파 문자	티베트 문자	파스파 문자	티베트 문자	파스파 문자	티베트 문자
ka		kha		ga		nga	
ca		cha		ja		nya	
ta		tha		da		na	
pa		pha		ba		ma	
tsa		tsha		dza		wa	
zha		za		ʻa		ya	
ra		la		sha		sa	
ha		a					

모음의 탄생

파스파 문자는 기본적으로 음소음절문자이며, 낱글자 하나는 원칙적으로 '자음+기본 모음 a'라는 음절을 나타낸다. 예를 들어 리는 〈b〉가 아니라 〈ba〉를 표시하는 자음음절자다. 하지만 일반적으로 음소음절문자의 경우 a 이외의 모음은 보조기호로 표시되지만, 파스파 문자는 모음을 나타내는 기호 자체가 일정한 위치에서 독립된 글자로 사용된다는 점이 중요한 특징이 된다.

ba   bi   bu   be   bo

이런 점에서 파스파 문자는 음소음절문자가 음소문자로 발달하는 과정에 있는 문자라고 할 수 있다.

표 5-5 **음소음절문자에서 음소문자로**

	음소음절문자	파스파 문자	음소문자
자음 표기	자음+a		독립된 글자
모음 표기	보조기호	독립된 글자	

이처럼 파스파 문자에서 모음자가 독립적으로 표기된 까닭은

두 가지 방향에서 영향을 받은 것으로 보인다. 첫째, 몽골에서 기존에 사용되던 위구르계 몽골 문자에서 모음자를 분리할 수 있게 된 것에 기대는 것이다. 둘째, 가로쓰기를 하는 티베트 문자에서 모음 보조기호는 기본자의 위나 아래에 붙어 기본자의 일부처럼 보이지만, 파스파 문자는 세로쓰기를 하기 때문에 자음자에 붙은 모음자가 자음자와 시각적으로 구분되지 않고 독립된 문자로 인식된 것이다.

파스파 문자   티베트 문자

mon-qol   mon-gol

파스파 문자와 티베트 문자 비교

파스파 문자와 조선왕조실록

조선왕조실록의 세종 5년(1423) 2월 4일, 세종 12년(1430) 3월 18일 기사에는 몽골어 수업 및 시험과 관련하여 위구르계 몽골 문자, 파스파 문자가 거론되어 있다.

예조에서 계하기를, "몽고자학(蒙古
字學)이 두 개의 모양이 있으니, 첫째
는 위올진(偉兀眞)이요, 둘째는 첩아월
진(帖兒月眞)이라 합니다. 전의 조서(詔
書)와 인서(印書)에는 첩아월진(帖兒月
眞)을 사용하고, 상시 사용하는 문자
(文字)에는 위올진(偉兀眞)을 사용하
였으니, 한쪽만 폐지할 수 없는 것입
니다. 지금 생도들은 모두 위올진만 익
히고, 첩아월진을 익한 사람은 적은 편
이니, 지금부터는 사맹삭(四孟朔)에 몽

파스파 문자로 적힌 증명 패

학(蒙學)으로서 인재를 뽑을 적에는 첩아월진까지 아울러 시험해서,
통하고 통하지 못하는 것을 나누어 헤아려 위올진의 시험 보는 예(例)
에 의할 것입니다."라고 하니, 그대로 따랐다.

— 세종 5년(1423) 2월 4일조[*]

위의 기사에서 언급된 '위올진(偉兀眞)'은 위구르계 몽골 문자,
'첩아월진(帖兒月眞)'은 파스파 문자를 가리킨다. 또한 세종 26년
(1444) 2월 20일조에는 최만리 상소문 중에 몽고 문자, 서하 문자,
여진 문자, 일본 문자, 티베트 문자 등이 언급되고 있는데, 이 중

---

* http://sillok.history.go.kr/id/kda_10502004_005

'몽고 문자'가 파스파 문자를 뜻하는 것이다.

파스파 문자와 훈민정음의 제자 원리

일부 서양 학자들은 파스파 문자 중 몇 개의 글자가 훈민정음과
모양이 비슷하다는 이유로, 훈민정음이 파스파 문자를 참고한 것
이라는 주장을 펴기도 했다. 《세종실록》, 《훈민정음 해례본》 등에
기록된 '자방고전(字倣古篆)'(글자는 고전을 모방했다)의 "고전"을 파스
파 문자라고 해석하는 것이다. 하지만 파스파 문자와 닮아 보이는
훈민정음 글자는 극히 일부에 불과하며, 게다가 그 글자들의 소릿
값 역시 크게 관련이 없다.

표 5-6 훈민정음과 파스파 문자의 비교

훈민정음		파스파 문자	
ㄱ	[k]	莉	[ga]
ㄷ	[t]	ㅈ	[da]
ㅂ	[p]	리	[ba]
ㅈ	[tʃ]	것	[sa]
ㄹ	[r]	린	[la]

인간의 문자는 대부분 간단한 선으로 이루어져 있기 때문에,
문자를 만드는 과정에서 비슷한 모양을 가지게 되는 것은 그저 우

연에 불과하다. 또한 자형의 닮음만을 따지는 것은 자의적이고 주관적이어서 자칫 소모적인 논쟁만을 가져올 수 있다.

파스파 문자는 티베트 문자의 자형을 거의 그대로 참고한 문자로, 제자(製字) 원리라는 것이 따로 없다. 하지만 훈민정음의 개별 글자들은 발음기관을 상형하고 자질에 따른 획을 더하는 원리로 창제되었다는 사실이 《훈민정음 해례본》에 직접적이고 구체적으로 밝혀져 있다는 점에서 훈민정음 글자 모양의 독창성은 명백하다.

파스파 문자와 훈민정음의 운용 원리

하지만 세계 문자의 발달 과정에서 그림에서 기호를 거쳐 문자가 발생했던 역사의 초기 단계를 제외하고는 어떤 문자든 독자적으로 발생하는 경우는 거의 없으며, 시기적으로 뒤에 오는 문자는 앞선 문자로부터 어떤 식으로든 영향을 받게 된다. 문자 체계에는 먼저 이루어진 여러 문자의 운용 원리가 종합되게 마련인 것이다. 문자의 계통이나 영향 관계를 다룰 때 오히려 주목해야 할 것은 개별 글자들이 해당 언어를 표기하기 위해 얼마나 적합하게 조정되었는지에 관한 검토다. 이러한 관점에서 살펴보자면, 훈민정음과 파스파 문자는 문자유형론적으로 비슷한 점이 매우 많다.

훈민정음의 음절 인식은 음절 단위를 파악하는 것과 삼분법, 모아쓰기 등에서 찾아볼 수 있는데, 이 각자가 모두 파스파 문자에 똑같이 보이고 세부적인 내용까지 거의 일치하고 있다. 또한 소릿

값 없는 ㅇ을 표기하는 훈민정음만의 독특한 관습도 파스파 문자
와 관련이 있다.

(1) 음절 인식

음절(音節, syllable)에 대한 훈민정음의 인식은 매우 높은 수준
까지 이루어져 있는데, 이처럼 음절 단위를 인식할 수 있는 기반
은 기본적으로 티베트 문자에서 파스파 문자를 거쳐 훈민정음으
로 전해진 것으로 볼 수 있다. 다음 파스파 문자 표기를 보면 모
두 ⟨q⟩, ⟨j⟩, ⟨r⟩의 세 글자 연쇄이지만, 왼쪽 자료는 ⟨j⟩와 ⟨r⟩을 붙
여 써서 하나의 음절이라는 사실을 표현하고 있고 오른쪽 자료는
⟨q⟩, ⟨j⟩, ⟨r⟩을 각기 떼어 써서 이들이 각각 별개의 음절이라는 사
실을 나타내고 있다.

q-jr   q-j-r

(2) 음절을 초성, 중성, 종성으로 구분

중국 음운학은 하나의 음절을 성(聲)과 운(韻)으로 나누는 이분
법이지만, 훈민정음은 이보다 한층 더 발달된 초성, 중성, 종성의
‘삼분법’을 채택하고 있다. 삼분법은 훈민정음 음운 이론의 가장

큰 업적 중 하나이며, 이를 통해 소리를 음소 단위까지 분석할 수 있게 되었다. 훈민정음이 음소문자가 될 수 있었던 것은 근본적으로 이 삼분법에 기인한 것이다.

　파스파 문자 역시 모음자가 독립하게 되면서, 음절의 가장자리를 차지하는 음절초 자음과 음절말 자음을 적는 글자도 자연스레 따로 분리된다. 다음 자료는 CVC(자음+모음+자음) 음절을 가진 단어를 통해 파스파 문자의 삼분법 표기를 모음별로 보인 것이다.

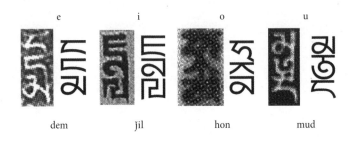

e	i	o	u
dem	jil	hon	mud

　또한, 훈민정음은 한 음절 내에서 초성과 종성이 구조적으로 같은 성질을 가졌다는 사실을 인식해서, 종성에 해당하는 글자는 따로 만들지 않고 초성자를 그대로 가져다 쓴다(이를《훈민정음 해례본》에서는 '종성부용초성(終聲復用初聲)'이라고 기술하고 있다). 파스파 문자 역시 훈민정음과 마찬가지로 음절말 위치의 자음자는 음절초의 자음자를 그대로 사용한다.

(3) 모아쓰기
훈민정음은 음소문자이지만 음절 단위로 모아쓰는 비선형적인 특징을 가지고 있다. 이처럼 훈민정음의 각 음절이 한자와 비슷하게 네모난 합자(合字)로 표기되는 비선형성(非線形性)은 훈민정음의 독특한 특징 중 하나다. 파스파 문자 역시 한 음절 내의 낱 자소들을 음절 단위로 모아쓴다. 특히 한 음절을 이루는 글자들은 선으로 연결해서, 음절 단위 띄어쓰기를 변별하기 어려운 경우에도 하나의 음절에 속하는 자소들을 시각적으로 드러내고 있다.

(4) 소릿값 없는 ㅇ 표기

훈민정음의 모음 표기 중 가장 특이한 것은 '어머니, 오빠'와 같이 모음으로 시작하는 단어에 ㅇ을 넣어 표기한다는 점이다. 이 단어들은 'ㅓ머니, ㅗ빠'와 같이 적더라도 단어의 발음은 바뀌지 않으므로, 이때의 ㅇ은 음운론적으로 소릿값이 없다. 따라서 단어 처음에 쓰인 글자 ㅇ은 단지 그 단어가 모음으로 시작하는 단어라는 사실을 시각적으로 드러내는 표기법적 기능을 하고 있을 뿐이다. 그런데 파스파 문자에서도 ㄹ이 ㅇ과 똑같은 기능을 한다. 이처럼 소릿값이 없는데도 글자로 표기하는 것은 셈어계 문자의 영향을 받은 문자들에서만 발견되는 현상이다.

파스파 문자의 의의

이집트와 메소포타미아 지역에서 시작된 문자의 여정은 페니키아 문자를 거쳐 서쪽으로는 라틴 문자로 이어지며, 동쪽으로는 아람 문자로 이어진다. 아람 문자는 다시 두 갈래로 나누어져서 동남쪽으로는 인도계 문자와 티베트 문자로 이어지며, 동북쪽으로는 시리아 문자, 소그드 문자, 위구르 문자 등 중앙아시아의 여러 문자로 전파된다. 파스파 문자는 아시아의 동쪽으로 전해진 두 문자의 흐름이 한곳에서 만난 문자라는 점에서 역사적인 의의가 있다.

특히, 파스파 문자는 불완전하기는 했지만 음소문자에 근접한 모습을 보여주고 있다. 이는 음소음절문자가 음소문자로 발달할 수 있게 된 가장 큰 사건이며, 훈민정음 탄생에 중요한 배경이 되었다는 사실은 부인할 수 없다. 훈민정음은 앞선 문자의 운용 원리를 한국어 음운 체계에 맞추어 창조적으로 발전시켜 도상성(圖像性, iconicity), 자질성(資質性, featural system), 비선형성(非線形性, non-linearity)이라는 고유의 특징을 가진 문자로 발달할 수 있었다. 지식의 축적을 통해 새로운 융합이 열매 맺은 것이다.

6장

인도계 문자들

브라흐미 문자
모든 인도계 문자의 바탕이 된 문자

- **시기** 기원전 3세기~기원후 4세기
- **지역** 인도 반도 전역
- **특징** 표음문자-음소음절문자
- **언어** 산스크리트어

브라흐미 문자

브라흐미 문자(Brahmi script)는 기원전 3세기부터 기원후 4세기 굽타 왕조 초기까지 고대 인도 전역에서 사용되었던 문자 체계다. 고대 인도의 종교 언어인 산스크리트어를 표기하는 데 쓰였으며, 아직 해독되지 않은 인더스 문자를 제외하면 인도에서 사용된 문자 중 가장 오래된 것이다.

인도를 비롯해 남아시아, 동남아시아, 티베트 등 인도 문화가 전

아소카 왕 비문에 기록된 브라흐미 문자(기원전 250년경)

파된 곳에서 시대를 거치면서 다양하고 독자적인 문자로 발달하
여 인도계 문자 대부분의 조상이라고 할 수 있다. 또한 티베트 문
자의 영향을 받은 파스파 문자를 통해 훈민정음 창제와도 연결
된다.

음소음절문자

브라흐미 문자는 음소음절문자로서, 모든 자음자는 단모음 a를
붙인 소리로 발음한다. 따라서 ✚는 음소 k가 아니라 음절 ka를
나타낸다.

모음자는 단어의 처음에 쓰일 때나 홀로 쓰일 때는 온전한 글

표 6-1 음소음절문자인 브라흐미 문자

		무성음		유성음		비음	
		무기음	유기음	무기음	유기음		
파열음	연구개음	╈ ka	Ꭵ kha	Λ ga	Ⴑ gha	⊏ ṅa	
	경구개음	ɗ ca	♨ cha	Ɛ ja	Ⴒ jha	ɦ ña	
	권설음	ℭ ṭa	O ṭha	ᴦ ḍa	᷉ ḍha	I ṇa	
	치음	⅄ ta	⊙ tha	⸞ da	D dha	⊥ na	
	양순음	Ⴑ pa	Ⴑ pha	□ ba	ⱀ bha	४ ma	
접근음		⊥ ya	ᒣ ra	⅃ la	᷉ va		
마찰음		↑ śa	Ⴇ ṣa	ⱀ sa	Ⴑ ha		

표 6-2 브라흐미 문자의 모음자와 모음 보조기호

	a	i	u	e	o
모음자	Ⴙ	∵	∟	◁	ⴴ
모음 보조기호	○	○ˈ	◠	◠	◡
예 / 소릿값	╈ ka	╪ ki	╈ ku	╈ ke	╤ ko

	ā	ī	ū	ai	au
모음자	Ⴙ	∷	Ⴑ	◁	ⴴ
모음 보조기호	○-	○ˈ	◠-	ᴈ○	ᴈ○-
예 / 소릿값	╤ kā	╪ kī	╪ kū	╪ kai	╤ kau

꼴을 갖춘 독립된 글자로 표기되지만, 다른 자음 뒤에 붙을 때는 모음 보조기호를 덧붙여서 표시된다. 즉 ✚와 모음 보조기호 ┘가 결합한 ✚는 kai가 아니라 ki가 된다.

아소카 왕 비문

브라흐미 문자가 사용된 대표적인 기록은 아소카 왕의 비문이다. 마우리아 왕조의 아소카 왕(재위 기원전 268~기원후 232)은 기원전 317년경 인도의 대부분을 통일하면서 인도 역사상 최초의 제국을 건설했다. 이후 아소카 왕은 전쟁이 낳은 비참하고 끔찍한 현실을 반성하고 불교를 국교로 삼아 법에 의한 올바른 정치를 하겠다는 기록을 전국 여러 곳의 석벽과 돌기둥 등에 새겨놓았는데, 이것이 '아소카 왕 비문'이다. 비문의 문자는 대부분은 브라흐미 문자로 쓰였지만, 지역에 따라서는 카로슈티 문자 또는 그리스 문자, 아랍 문자로 된 것도 발견된다고 한다.

아소카 왕은 한문 불경에서는 '아육왕(阿育王)' 또는 '아수가(阿輸迦)'로 표기된다.

아소카 왕에 관한 이야기가 적힌 불경

브라흐미 문자의 기원

브라흐미 문자의 기원에 관해서는 몇 가지 가설이 있다.

첫째, 브라흐미 문자는 인더스 문자를 기반으로 하여 발달한 문자라는 가설이다. 인더스 문자는 인도와 파키스탄 지역에서 이미 기원전 2500년경에 사용된 문자다. 하지만 아직 인더스 문자가 제대로 해독되지도 않았을 뿐만 아니라, 인더스 문자가 사라진 시기와 브라흐미 문자가 등장한 시기 사이의 거의 2,000년이라는 간격을 설명하기 어렵기 때문에, 이 가설은 널리 받아들여지지는 않는다. 인더스 문명을 파괴하고 인도에 정착한 아리아인은 인도 사상의 근본 경전인 베다를 지어 오랫동안 구전으로만 전승했으며, 베다가 문자로 기록된 것은 브라흐미 문자가 사용된 이후부터다.

둘째, 브라흐미 문자는 페니키아 문자에 바탕을 둔 셈어계 문자가 아람 문자를 거쳐 발달한 것이라는 가설이다. 여러 개의 글자가 시각적으로 아람 문자와 유사할뿐더러 브라흐미 문자로 기록된 초기 자료는 셈어계 문자와 같이 오른쪽에서 왼쪽으로 쓰였다거나 당시 페르시아 제국이 마우리아 왕조의 서쪽 경계까지 확장되었다든지 하는 사실을 고려하면, 셈어계 문자가 브라흐미 문자의 형성에 어느 정도 중요한 영향을 미친 것으로 볼 수 있다.

표 6-3 페니키아 문자, 아람 문자, 브라흐미 문자의 비교

페니키아 문자	𐤀	𐤁	𐤂	𐤃	𐤄	𐤅	𐤆	𐤇	𐤈	𐤉	𐤊
아람 문자											
브라흐미 문자 소릿값	a	ba	ga	dha	ha	va	ja	gha	tha	ya	ka

페니키아 문자	𐤋	𐤌	𐤍	𐤎	𐤏	𐤐	𐤑	𐤒	𐤓	𐤔	𐤕
아람 문자											
브라흐미 문자 소릿값	la	ma	na	ṣa	e	pa	ca	kha	ra	śa	ta

브라흐미 문자의 발달

마우리아 왕조 이후 기원후 4세기 초반 인도 북부를 통일했던 굽타 왕조 시기에 브라흐미 문자는 북인도 계열과 남인도 계열의 두 갈래로 나뉜다. 북부 브라흐미 문자는, 긴 가로줄이 이어져 '빨랫줄 문자'라고도 불리는 나가리 문자, 데바나가리 문자, 벵골 문자, 오리야 문자, 구자라트 문자, 구르무키 문자 등으로 변화했다. 특히 나가리 문자(범자)는 많은 경전에서 사용되었기에 불교에서 특히 중요하다.

남부 브라흐미 문자는 문자가 기록된 매체의 영향으로 낱글자

표 6-4 북인도 계열 문자와 남인도 계열 문자

지역		문자
북인도계열	데바나가리 문자	अ आ इ ई उ ऊ ॠ ऌ ऍ ऎ ए ऐ ऑ ऒ ओ औ क ख ग घ ङ च छ ज झ
	벵골 문자	অ আ ই ঈ উ ঊ ঋ ৯ এ ঐ ও ঔ ক খ গ ঘ ঙ চ ছ জ ঝ ঞ ট ঠ ড
	구르무키 문자	ੲ ੴ ੲੲ ੲੲੀ ੳ ੳੂ ਏੈ ੲੋ ਕ ਖ ਗ ਘ ਙ ਚ ਛ ਜ ਝ ਞ ਟ ਠ ਡ ਢ ਣ ਤ ਥ
남인도계열	텔루구 문자	అ ఆ ఇ ఈ ఉ ఊ ఋ ౡ ఎ ఏ ఐ ఒ ఓ ఔ క ఖ గ ఘ ఙ చ ఛ జ ఝ ఞ
	칸나다 문자	ಅ ಆ ಇ ಈ ಉ ಊ ಋ ೠ ಎ ಏ ಐ ಒ ಓ ಔ ಕ ಖ ಗ ಘ ಙ ಚ ಛ ಜ ಝ ಞ
	말라얄람 문자	അ ആ ഇ ഈ ഉ ഊ ഋ ൠ ഌ എ ഏ ഐ ഒ ഓ ഔ ക ഖ ഗ ഘ ങ

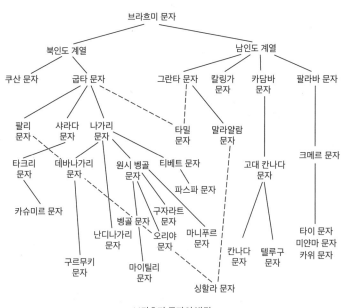

브라흐미 문자의 발달

가 분리된 둥근 형태로 발전하여 북부와는 다른 양상을 보인다. 그란타 문자, 타밀 문자, 싱할라 문자를 포함하여 동남아시아의 크메르 문자, 미얀마 문자, 타이 문자 등이 여기에 속한다.

타밀 문자

한국어와 비슷하다고 오해받은 타밀어를 적는 문자

- **시기** 기원후 7세기~현재
- **지역** 아시아 남부
- **특징** 표음문자-음소음절문자
- **언어** 드라비다어족-타밀어

타밀 문자

타밀 문자(Tamil script)는 인도 남부 타밀나두 주와 스리랑카, 싱가포르 등에서 사용되는 문자다. 현대 인도에서 사용되는 40여 개의 문자들과 마찬가지로, 타밀 문자의 기원은 기원전 5세기경에 발생한 브라흐미 문자부터 시작한다. 브라흐미 문자가 인도 남부의 그란타 문자를 거쳐 기원후 7세기경 타밀 문자로 발달했다. 그란타 문자와 타밀 문자는 문자의 모양이 둥글다는 특징을 가지고 있다. 인도 남쪽 지역에서는 흔히 야자나무 잎에 글을 쓰고는 했는데, 나뭇잎에 뾰족한 필기도구로 직선이나 각진 획을 그으면 쉽게 부스러지기 때문에 생겨난 현상이다.

타밀 문자가 다른 인도계 문자와 크게 다른 점은 자음자의 수가 현저하게 적다는 것이다. 이는 하나의 글자로 유성음, 무성음, 유기음 등을 한꺼번에 표기하기 때문인데, 예를 들면 க가 ka, ga, kha, gha를 동시에 나타내게 된다. 비유를 들자면, '단감'이라고 적힌 단어를 문맥에 따라 '단감, 탄감, 딴감, 단캄, 탄캄, 딴캄, 단깜, 탄깜, 딴깜' 중 하나로 읽어야 하는 것과 같다.

이와 같이 표기하면 하나의 문자기호로 여러 발음을 대신할 수 있어 효율적일 수 있으며, 다양한 방언도 한 가지 표기법으로 적을 수 있는 장점이 있다. 하지만 문맥을 모르면 적절한 발음으로 글을 읽을 수 없게 되므로, 해당 언어에 익숙하지 않은 이들이 타밀 문자로 글을 읽는 데에 어려움을 느끼게 된다. 이러한 이유로 타밀 문자는 경전이나 고전을 기록할 때에는 사용되지 않았다.

표 6-5 **타밀 문자의 자음자**

க	ங	ச	ஞ	ட	ண	த	ந	ப
ka	ṅa	ca	ña	ṭa	ṇa	ta	na	pa
ம	ய	ர	ல	வ	ழ	ள	ற	ன
ma	ya	ra	la	va	ḻa	ḷa	ṟa	ṉa

6장 | 인도계 문자들

타밀 문자와 음소음절문자

타밀 문자는 음소음절문자다. 음소음절문자란 글자 하나가 '자음+기본 모음'을 나타내며, 기본 모음이 아닌 모음은 보조기호를 추가해서 표현하는 문자다. 모음이 별도의 글자가 아니라 보조기호이기 때문에 하나의 글자로 결합된다는 점에서 음소문자와 다르다. 예를 들어 ம는 음절 [ma]를 나타내며, 모음 i를 나타내는 보조기호가 붙은 மி는 [ma+i]가 아니라 단순히 [mi]를 표시한다. 모음은 음절 처음 위치에서만 독립자로 표시된다. 또한 타밀 문자에

표 6-6 **타밀 문자의 조합과 결합 형태**

조합	결합 형태	문자 구성	소릿값
ம	ம	ma	ma
ம + ா	மா	ma + ā	mā
ம + ி	மி	ma + i	mi
ம + ீ	மீ	ma + ī	mī
ம + ு	மு	ma + u	mu
ம + ூ	மூ	ma + ū	mū
ம + ்	ம்	ma + 모음 소거 기호	m

서 자음만을 나타내려면 문자 위에 점을 찍는데, 이것을 '모음 소
거 기호'라고 한다.

타밀어

타밀어는 인도 남부의 타밀나두 주 등지에서 약 6,100만 명이
사용하는 언어로서, 세계에서 열여덟 번째로 사용 인구가 많은 언
어다. 타밀어는 기원전 300년경부터 시작되었는데, 현재 인도에
서 사용되고 있는 20개 이상의 언어 중 가장 먼저 문자로 기록되
었다. 19세기 이후 타밀인이 대거 동남아시아 지역으로 이주한 결
과, 현재는 싱가포르와 스리랑카에서도 공용어로 지정되어 있으
며 말레이시아와 베트남, 캐나다, 미국 등지에서도 널리 사용되고
있다.

타밀어는 구어와 문어
의 차이가 매우 커서, 책
을 읽을 때 사용하는 언
어와 일상 대화에서 사
용하는 언어가 크게 다
르다. 이와 같이, 한 언어
의 방언 사이에 커다란
차이가 있지만 해당 언어
의 화자들이 하나의 언어

타밀어와 타밀 문자 사용 지역

타밀 문자와 라틴 문자로 쓰인 간판

라고 인식하는 현상을 양층언어 현상(diglossia)이라고 한다. 양층 언어 현상이 있을 경우, 하나의 언어를 잘 알아도 다른 언어를 이해하는 데 어려움을 겪기도 한다.

타밀어와 한국어

타밀어는 드라비다어족에 속하는 언어이며, 타밀어 외에도 칸나다어, 말라얄람어, 텔루구어 등 주로 남아시아에서 사용되는 여러 언어가 드라비다어족에 속한다. 드라비다어족에 속하는 언어들은 어근을 중심으로 접사가 달라붙는 교착어이며, 문장 어순은 주어-목적어-동사로 되어 있다. 드라비다어족의 이러한 특징 외에도 타밀어에는 한국어와 발음이 비슷한 어휘가 꽤 있어서, 타밀

어는 한국어와 비슷하게 보이기도 한다. 이 때문에 타밀어와 한국
어가 같은 계통에서 비롯한 언어라고 오해를 받기도 한다.

நான்   உன்னை   காதலிக்கிறேன்

nāṉ   uṉṉai   kātalikkiṟēṉ
나는   너를   사랑해

표 6-7 한국어와 타밀어의 비교

한국어	타밀어와 발음	
아버지, 아빠	அப்பா	appā
어머니, 엄마	மாம	am'mā
나라	நாடு	nāṭu
너, 당신	நீ	nī
나	நான	nāṉ
형, 언니	அண்ணன்	aṉṉaṉ
산, 뫼	மலை	malai
풀	பல்	pul
날, 날짜	நாள்	nāḷ
알다	அறிந்திரு	aṟintiru
이빨	பல்	pal
메뚜기	வெட்டுக்கிளி	veṭṭukkiḷi

〈표 6-7〉의 단어들을 비교하면 한국어와 타밀어는 매우 닮아보이지만, 적어도 언어에 관한 이런 유사성은 우연일 가능성이 매우 크다. 어떤 언어든 그 언어가 가지는 음성의 수효는 매우 적기 때문에, 한정된 수의 소리로 수많은 단어를 만들다 보면 음상(音像)이 비슷해지는 단어가 생기는 일은 자주 일어난다. 그러므로 언어가 같은 계통이라는 사실을 밝힐 때에 단지 발음이 비슷하다는 것은 그다지 좋은 증거가 되지 못한다.

헐버트와 한글

한국어가 드라비다어족과 관련이 있다는 주장은 일찍이 1905년 출간된《한국어와 인도 드라비다어의 비교 문법》이라는 저서에서도 주장된 바 있었다. 한반도에 정착한 선주민 중에 남방에서부터 이주해 온 이들이 있었기 때문에 한국어와 드라비다어족에 속한 언어들이 유사한 것이라고 이 책에서는 설명하고 있다.

이 책을 지은 헐버트(Homer B. Hulbert, 1863~1949)는 선교사로 한

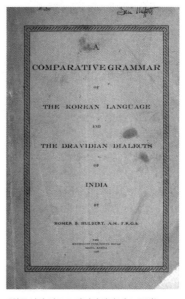

《한국어와 인도 드라비다어의 비교 문법》

국에 와서, 개화기 조선을 위해 활동한 대표적인 서양인 중 한 명이다. 그는 한국에 애정을 가지고 교육자, 언론인, 한국어학자, 역사학자로서 큰 업적을 남겼다. 특히 헐버트는 고종 황제의 자문역을 맡아 대한제국의 주권 수호를 위해 미국 정부를 비판하고 일본과 맞서 싸우기도 했으며, 이러한 활동을 통해 한국 독립운동에 크게 영향을 끼쳤다. 또한 헐버트는 《한국의 역사》와 《대한제국 멸망사》 등을 편찬해 미국인이 한국을 이해하고 도울 수 있도록 노력함으로써 서양에서의 한국학을 개척했다. 그는 한국어와 한글에 깊은 관심을 가졌는데, 당시 국어학자 주시경과 함께 한글 표기에 띄어쓰기와 구두점을 도입하고 고종에게 건의해 국문연구소를 만들기도 했다.

구자라트 문자

한글과 모양이 비슷한 인도계 문자

- **시기** 기원후 16세기~현재
- **지역** 인도 서부
- **특징** 표음문자-음소음절문자
- **언어** 인도유럽어족-구자라트어, 카치어

구자라트 문자

구자라트 문자(Gujarati
script)는 인도 서부 구자라
트 주를 중심으로 사용되는
문자다. 현대 인도에서 사용
되는 40여 개의 문자들은
대부분 브라흐미 문자에서

구자라트 문자와 라틴 문자로 쓰인 도로 표지판

비롯되었는데, 그중 구자라트 문자는 브라흐미 문자의 후예인 굽타 문자를 거쳐 16세기 후반 데바나가리 문자에서 발달했다. 데바나가리 문자가 주로 문학이나 학문에 사용된 데 비해, 구자라트 문자는 상업 등 경제활동에서 사용되었다.

표 6-8 **구자라트 문자의 자음자**

ક	ખ	ગ	ધ	ડ		
ka	kha	ga	gha	ṅa		
ચ	છ	જ	ઝ	ઞ	ય	શ
ca	cha	ja	jha	ña	ya	śa
ટ	ઠ	ડ	ઢ	ણ	ર	ષ
ṭa	ṭha	ḍa	ḍha	ṇa	ra	ṣa
ત	થ	દ	ધ	ન	લ	સ
ta	tha	da	dha	na	la	sa
પ	ફ	બ	ભ	મ	વ	
pa	pha	ba	bha	ma	va	

구자라트 문자와 음소음절문자

구자라트 문자는 음소음절문자다. 음소음절문자란 글자 하나가 '자음+기본 모음'을 나타내며, 기본 모음이 아닌 모음은 보조기호를 추가해서 표현하는 문자다. 모음이 별도의 글자가 아니라 보조기호이기 때문에, 하나의 글자로 결합된다는 점에서 음소문자와

다르다. 예를 들어 ᄙ는 [la]를 나타내며, 모음 u를 나타내는 보조
기호가 붙은 ᄙ는 [la+u]가 아니라 단순히 [lu]를 표시한다.

표 6-9 **구자라트 문자와 음소음절문자**

조합	결합 형태	문자 구성	소릿값
ᄙ	ᄙ	la	la
ᄙ + ○ા	ᄙા	la + ā	lā
ᄙ + ○િ	ᄙિ	la + i	li
ᄙ + ○ી	ᄙી	la + ī	lī
ᄙ + ○ુ	ᄙુ	la + u	lu
ᄙ + ○ૂ	ᄙૂ	la + ū	lū

구자라트어

구자라트어는 인도유럽어족의 인도이란어파에 속하는 언어로

서, 세계에서 스물세
번째로 사용 인구가
많은 언어다. 구자라
트어는 마하트마 간
디의 고향인 구자라
트 주의 공식 언어다.
구자라트어와 구자라

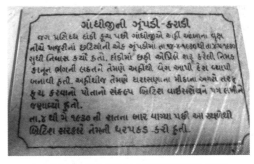

1930년 간디가 영국에 맞서 벌인 불복종 운동에 관한 안내판

트 문자는 간디가 일상에서
사용하던 언어와 문자였다.

구자라트 문자와 한글

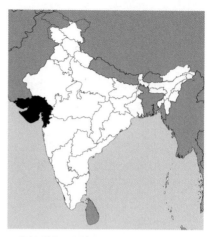

구자라트 문자는 한글과
닮은 모양 때문에 한때 대중
의 관심을 받은 적도 있었다.
예를 들어 다음에 보이는 구
자라트 문자는 마치 한국어

구자라트어와 구자라트 문자 사용 지역

로 읽을 수 있을 것 같기도 하다. 이 문자 나열은 구자라트어로는
'bhubhug, pa nulung lasash'라고 읽을 수 있지만 실제로는 의미 없
는 구절에 지나지 않는다.

표 6-10 한글과 닮은 구자라트 문자들

구자라트 문자	ભુભુગ	પ નુલુંગ લસશ
데바나가리 문자	भुभुग	प नुलुंग लसश
구르무키 문자	ਭੁਭੁਗ	ਪ ਨੁਲੁੰਗ ਲਸਸ਼

구자라트 문자는 기원적으로 한글과 아무런 관계도 없다. 이
를테면 ભ, પ, રૂ는 각각 마치 한글 '머, 니, 러'처럼 보이지만, 이들

구자라트 문자로 된 신문

은 발음이 [바, 파, 사]일 뿐만 아니라 더 쪼개지지 않는 하나의 글자다. 음소문자인 한글이 각각 'ㅁ, ㅓ, ㄴ, ㅣ, ㄹ, ㅓ'로 구분되는 것과 비교하면 문자 구성 원리가 현저하게 다르다는 것을 알 수 있다.

그러므로 구자라트 문자와 한글이 시각적으로 비슷하게 보이는 것은 그저 우연에 불과하다. 이러한 사실은 구자라트 문자와 같은 계통의 문자인 데바나가리 문자, 구르무키 문자 등과 비교해보아도 잘 알 수 있다. 〈표 6-10〉에서 볼 수 있듯이, 구자라트 문자 위에 단어 단위로 줄을 그으면 데바나가리 문자와 거의 일치한다. 자세히 보면 구자라트 문자의 구성 원리는 구르무키 문자와도 서로 통함을 알 수 있다. 구자라트 문자, 구르무키 문자, 데바나가리 문자는 모두 같은 계열의 인도계 문자이어서, 하나의 문자에 익숙한 사람은 다른 문자도 쉽게 읽는다고 한다.

티베트 문자

달라이 라마의 문자

- **시기** 7세기~현재
- **지역** 티베트 자치구를 포함한 중국 서남부, 인도 북부, 네팔 일부
- **특징** 표음문자-음소음절문자
- **언어** 중국티베트어족-티베트버마어파-티베트어, 종카어, 라다크어 등

티베트 문자

티베트 문자(Tibetan script)는 중국의 티베트 자치구(시짱 자치구西藏自治區)에서 사용되는 문자다. 또한 중국 칭하이(青海), 쓰촨(四川), 간쑤(甘肅), 윈난(雲南) 등 중국 서남부 및 네팔, 부탄, 시킴 등 히말라야 지방에서 매우 광범위하게 통용되고 있다.

티베트 문자는 기원후 7세기경 티베트 왕국에서 인도 불교를 받아들이고 산스크리트어로 쓰인 불교 경전을 티베트어로 바로

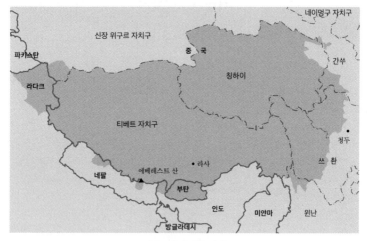

티베트 문자 사용 지역

번역하기 위해, 인도계 문자인 굽타 문자를 참고해 만들었다고
한다.

티베트 문자의 특징

티베트 문자는 음소음절문자로서, 글자 하나는 '자음+기본 모
음 a'라는 음절을 나타낸다. 예를 들어 ꡀ는 'k'가 아니라 'ka'를 표
시하며, 따라서 티베트 문자의 각 글자는 자음을 나타내는 글자
(자음자)가 아니라 자음과 기본 모음을 함께 나타내는 글자(자음음
절자)다(〈표 6-11〉 참고).

표 6-11 티베트 문자의 자음음절자와 로마자 표기 및 발음

ཀ	ཁ	ག	ང	ཅ	ཆ	ཇ	ཉ
ka	kha	ga	nga	ca	cha	ja	nya
[ka]	[kʰa]	[ga]	[ŋa]	[tʃa]	[tʃʰa]	[dʒa]	[ɲa]
ཏ	ཐ	ད	ན	པ	ཕ	བ	མ
ta	tha	da	na	pa	pha	ba	ma
[ta]	[tʰa]	[da]	[na]	[pa]	[pʰa]	[ba]	[ma]
ཙ	ཚ	ཛ	ཝ	ཞ	ཟ	འ	ཡ
tsa	tsha	dza	wa	zha	za	'a	ya
[tsa]	[tsʰa]	[dza]	[wa]	[ʒa]	[za]	[a]	[ja]
ར	ལ	ཤ	ས	ཧ	ཨ		
ra	la	sha	sa	ha	a		
[ra]	[la]	[ʃa]	[sa]	[ha]	[a]		

a를 제외한 모음 i, u, e, o는 다음과 같이 자음음절자 위나 아래
에 보조기호로서 표시되며, 모음 보조기호가 붙으면 기본 모음 a는
나타나지 않는다. 모음을 나타내는 기호 자체가 단독으로 모음자로
사용되는 경우는 없다는 점이 음소음절문자와 음소문자의 차이다.

ka   ki   ku   ke   ko

티베트 문자의 음절 구성은 매우 복잡하다. 자음음절자가 한
음절의 기본이 되고, 기본자의 앞뒤와 위아래에 다른 글자들이 결

합하여 하나의 음절을 이룬다. 기본자 위에 오는 글자를 유두자(有頭字), 즉 머리에 있는 글자라고 하며, 기본자 아래에 오는 글자를 첨족자(添足字), 즉 발처럼 첨가된 글자라고 한다. 또한 기본자 앞에 오는 글자는 전접자(前接字), 뒤에 오는 글자는 후접자(後接字)이며, 후접자 뒤에 다시 붙는 글자를 재접자(再接字)라고 한다.

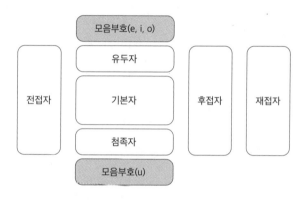

아래 그림을 보면, 기본자 ག〈ga〉의 상하 전후에 다양한 글자들이 붙어 있음을 알 수 있다. 음절은 점을 찍어 구분한다(음절구분기호).

티베트 문자의 모든 글자가 유두자, 첨족자, 전접자, 후접자, 재접자가 될 수 있는 것은 아니며, 다음과 같이 특정 글자만이 해당 위치에 올 수가 있다. 모음을 나타내는 보조기호는 기본자에만 붙기 때문에, 기본자가 아닌 글자들은 자음자로서만 기능한다.

표 6-12 **티베트 문자의 종류**

종류	문자	로마자 표기	비고
유두자	ᰴ ᰠ ᰡ	r, l, s	3개
첨족자	ᰴ (ᰀ) ᰝ (ᰂ) ᰝ (ᰄ) ᰝ (ᰆ)	y, r, l, w	4개
전접자	ᰎ ᰏ ᰐ ᰑ ᰒ	g, d, b, m, '	5개
후접자	ᰎ ᰏ ᰐ ᰑ ᰒ ᰒ ᰓ ᰔ ᰠ ᰡ	g, ng, b, m, r, ' d, n, l, s	10개
재접자	ᰏ ᰡ	d, s	2개

티베트 문자의 보수성

티베트 문자의 철자법은 이 글자를 처음 만든 7세기 당시의 발음을 따라 정했는데, 1,300년이 지나는 세월 동안 변화한 티베트어 발음을 반영하지 않고 옛 철자법을 그대로 사용한다. 따라서 티베트 문자는 발음과 철자가 일치하지 않는 매우 심한 보수적인 표기법을 유지하고 있다. 이를테면 티베트어로 '안녕하세요', '고맙습니다'라는 뜻을 가진 인사말의 표기와 발음은 각각 다음과 같은데, 표기와 발음 사이에 괴리가 매우 심하다.

표 6-13 **표기와 발음의 괴리**

표기	བཀྲ་ཤིས་བདེ་ལེགས། bkra shis bde legs	ཐུགས་རྗེ་ཆེ། thugs rje che
발음	[ta-shi de-lek] 따시델렉	[thuk-je-che] 툭제체
뜻	안녕하세요	고맙습니다

그런데 모국어 화자가 아닌 경우에 이렇게 철자만을 보고 발음을 예측하기 어려운 것이 티베트 문자만의 특징은 아니다. 영어의 경우도 Wednesday, knight에서 [wenzdej], [najt]라는 발음을 바로 알기 어려우며, 한국어도 '법률, 읽는다'라는 표기에서 [범뉼], [잉는다]라는 발음을 예측하기가 쉬운 일이 아닌 것과 비슷하다.

언어의 음운 변화는 어느 정도 규칙적이므로, 일정한 변동 규칙에 익숙해지면 표기에서 발음을 이끌어내는 일이 생각만큼 큰 장애가 되지는 않는다. 이를테면, 전접자 b는 언제나 묵음이고 첨족자 r은 기본자의 k와 결합하여 t 발음이 나기 때문에, bkra는 [ta]로 발음되고 bde는 [de]가 되는 것이다. 후접자 g는 받침소리가 되며 후접자 s는 모음 o, u의 뒤에 올 때가 아니면 발음이 되지 않고 재접자 s는 소릿값 없는 글자이므로, shis와 legs는 각각 [shi], [lek]이 된다.

티베트어

티베트어는 중국티베트어족의 티베트버마어파에 속하는 언어로서, 중국 서남부 지역과 히말라야 등지에서 링구아 프랑카 (lingua franca. 모국어를 달리하는 사람들이 상호이해를 위해 습관적으로 사용하는 언어)로서 사용된다. 티베트 불교는 인도 불교의 직계로 인정되기 때문에 티베트어로 쓰인 불교 전적은 사라진 산스크리트어 경전을 연구하는 데에서 중요한 위치를 차지한다. 또한 중앙아

중국 《인민일보》 티베트어판

부탄 화폐에 적힌 티베트 문자

시아 지역의 역사를 연구하기 위해서도 티베트어 문헌 해독이 매우 중요하다.

티베트버마어파에 속하는 언어 중에서 부탄의 공용어인 종카어, 인도령 카슈미르 지역에서 사용되는 라다크어, 인도 북동부의 중국 접경 지역에서 사용되는 시킴어 등도 모두 티베트 문자를 사용하여 표기한다.

티베트 왕조

티베트 고원에 위치한 토번(吐蕃)은 여러 유목민족으로 나뉘어 있었는데, 7세기 초반 송첸캄포 왕(재위 605~649)이 티베트 왕조를 세워 수도를 라싸(拉薩)로 정하고 실질적으로 통일된 나라를 이루었다. 송첸캄포 왕은 당나라의 제도와 기술 수용에 매우 적극적이어서, 율령제 및 유교 경전 등 중국 문화를 받아들이고 종이와 먹

(왼쪽) 티베트 문자로 기록된 반야경
(오른쪽) 한문과 티베트 문자로 새긴 당번회맹비

등을 도입했다. 또한 톤미 삼포타를 인도 북부 지역에 파견해 티베트 문자를 만들게 함으로써 티베트 문자 생활에 큰 초석을 이루었다. 한국으로 치면 국토를 넓힌 광개토대왕, 삼국통일을 완수한 문무왕, 문자를 만들고 문화를 융성시킨 세종대왕에 해당한다고 할 수 있다. 641년에 송첸캄포 왕은 당나라 문성공주(文成公主)를 왕비로 맞이했는데, 이때 문성공주는 매우 많은 양의 서적과 석가모니 불상 등을 가져와 티베트에 불교를 전수했다고 한다.

　토번 제국은 당나라를 침략해 수도 장안을 점령(763)하는 등 당나라와 끊임없이 화친과 대립을 반복했다. 9세기 초에는 당과 대등한 위치에서 국경을 확정하고 평화조약을 체결했는데, 당시 맺은 협정문이 라싸의 조캉사원 앞에 세워진 당번회맹비(唐蕃會盟碑)로서, 이 비는 한문과 티베트 문자로 새겨져 지금까지 전해진다.

티베트와 고려

티베트 불교가 원나라의 국교이고 달라이 라마가 원 황제의 정신적 스승의 역할을 했기 때문에, 티베트 관련 내용은《고려사》에서 많이 찾아볼 수 있다. 티베트 승려가 원 황제의 사신으로 고려에 들어오기도 했으며, 티베트 불교의 의례, 경전, 불상 등을 전해 받았다는 등 티베트 불교 문화와 관련된 기록이 여러 군데 등장한다. 또한 1320년 당시 원나라에 있던 충선왕이 원나라 내부의 정쟁에 휘말려 원 영종의 명에 따라

송광사 티베트문 법지(보물 1376호)
(송광사 성보박물관)

티베트로 유배를 가서 1년 반 동안 머문 적이 있다.

전라남도 순천시 송광사에는 티베트 문자로 쓰인 문서가 소장되어 있는데, 이는 송광사의 스님이 당시 고려 충렬왕의 명을 받고 원나라를 방문하고 돌아오는 길에 원나라 불교의 최고기관에서 받아온 통행 증명서라고 한다. 이 문서가 보물 1376호로 지정된 〈송광사 티베트문 법지(法旨)〉다.

렙차 문자

티베트 문자를 기반으로 파스파 문자와 렙차 문자가 만들어
졌다. 렙차 문자(Lepcha script) 또는 론 문자(Róng script)는 티베트 문
자에 바탕을 두고 버마 문자의 영향을 받아 18세기경 만들어진
문자다. 기본적으로 티베트 문자를 왼쪽으로 90도 회전한 것과 비
슷한 모양을 하고 있다.

표 6-14 **렙차 문자의 자음음절자(일부)**

€	૯	ω	૪
ka	kha	ga	nga
ઇ	૪	૪	૪
ca	cha	ja	nya
૪	୴	✳	૭
ta	tha	da	na

아메리카의
문자들

마야 문자

파괴된 문명의 자취를 간직하고 있는 문자

- **시기** 기원전 3세기경~16세기
- **지역** 메소아메리카(과테말라, 멕시코, 벨리즈, 엘살바도르, 온두라스)
- **특징** 표의문자-단어문자, 표음문자-음절문자
- **언어** 마야어

마야 문자

마야 문자(Maya script)는 마야 문명에서 사용되었던 문자로서, 가장 오래된 기록은 기원전 3세기까지 거슬러 올라간다. 기원후 10세기에 가장 널리 사용되었으며, 16세기 이후에 급속도로 사용 인구가 줄어들면서 소멸되었다.

마야 문자는 사람, 동물 및 사물 등을 상형한 문자로서, 매우 복잡하고 정교하며 장식적인 특징을 보인다. 글자의 전체 모양은 사각형이며, 사각형의 공간에 다음과 같이 여러 개의 문자기호가 결합된 경우가 대부분이다(이러한 결합 방식은 한자와 비교되기도 한다).

마야 문자의 결합 방식

마야 문자는 기본적으로 단어문자로 사용되며, 사각형 글자 하나가 하나의 의미를 나타낸다(표에서는 □를 이용해서 소릿값이 드러나지 않는 단어문자임을 표현했다). 하나의 의미를 나타내는 데 두 개 이상의 기호가 사용되기도 하는데, 〈표 7-1〉에서 오른쪽 두 개의 글자는 모양은 다르지만 같은 뜻을 가지고 있다.

표 7-1 **마야 문자의 특징 1**

마야 문자				
글자 구성	□	□	□	
발음	chan	chan	witz	
뜻	뱀	하늘	산	

발음이 표시되지 않는 단어문자의 한계를 극복하기 위해 음절문자를 이용해 발음의 일부를 나타내는 경우도 있다.

표 7-2 마야 문자의 특징 2

마야 문자			
글자 구성	□-na	□-na	wi-□
발음	chan	chan	witz
뜻	뱀	하늘	산

이 과정에서 음절문자가 본격적으로 발달하게 되어, 마야 문자
는 단어문자와 음절문자 두 가지 방법으로 사용된다. 음절을 나타
내는 글자가 두 개 이상 결합해 단어를 만드는 것이다.

표 7-3 마야 문자의 특징 3

마야 문자				
글자 구성	ku-tzu	tzu-lu	ka-ka-u	wi-tzi
발음	kutz	tzul	kakau	witz
뜻	칠면조	개	초콜릿	산

하나의 의미에 여러 개의 단어문자기호가 사용되는 것과 마찬
가지로, 같은 음절이 여러 개의 다른 글자로 표현되기도 한다.

표 7-4 **마야 음절문자(부분)**

o			
ka			
na			
nu			
wi			
ye			

마야 문자가 문장을 나타내는 경우는 다음과 같다.

표 7-5 **문장을 나타내는 마야 문자**

마야 문자			
글자 구성	u-tza-pa-wa	u-□(chok)-wa	chu-ka-ja
발음	utzapaw	uchokow	chukaj
뜻	그가 심었다.	그가 뿌렸다.	그는 잡혔다.

마야 문자가 여러 개 모여 있는 경우에는 다음과 같은 순서로 읽는다.

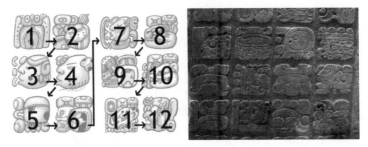

(왼쪽) 마야 문자를 읽는 순서
(오른쪽) 영국박물관에 소장된 마야 문자 자료 (필자 사진)

마야 문명

마야 문명은 기원전 3세기에서 기원후 10세기까지 메소아메리 카(Mesoamerica. 멕시코 중부에서 중앙아메리카에 이르는 지역)의 유카 탄 반도에서 번성한 문명으로, 기원전 2000년경부터 시작되었을 것으로 추측된다. 마야 문명은 도시국가 형태로 발전해 지역마다 각기 다른 이름을 가지고 있었는데, 그중 과테말라의 티칼, 온두 라스의 코판 그리고 멕시코의 팔렝케가 크게 발달한 도시였다. 마 야라는 이름은 후대의 학자들이 붙인 것이다.

마야 문명은 기원전 1500년부터 기원전 400년 무렵까지 이 지 역에서 번성했던 고대 올멕 문명의 영향을 받은 것으로 보이며, 마 야 문자 역시 올멕 문자의 영향을 받은 것이다.

마야 문명은 이미 기원전후 시기부터 0을 알고 있었으며, 같은 숫자라도 자릿수에 따라 수의 크기가 달라지는 진법을 알고 있었다. 마야 문명에서 사용된 것은 20진법이므로, 숫자 2016을 마야 숫자로 나타내면 다음과 같다.

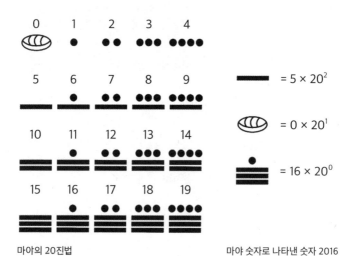

마야의 20진법

$$= 5 \times 20^2$$
$$= 0 \times 20^1$$
$$= 16 \times 20^0$$

마야 숫자로 나타낸 숫자 2016

마야 문명의 천문학은 특히 유명하다. 마야인들은 지구와 금성의 태양 공전 궤도를 정밀하게 계산했으며, 이를 바탕으로 일식과 월식을 정확하게 예측할 수 있었다. 마야 문명에서 사용하던 달력은 1년을 18개월로 나누고 한 달을 20일로 했으며, 한 해의 마지막에는 5일을 추가했는데, 이는 지금 우리가 사용하고 있는 태양력과 같은 것이다.

다만, 마야 문명을 포함한 아메리카의 여러 문명에서는 석기를 활용해 조각품과 건축물을 만들어냈을 뿐, 청동기가 널리 사용되지 않았으며 철기 문화 또한 발달되지 않았다. 마야의 유물 중에 바퀴가 있기는 하지만 실용화하지 않았으며, 소나 말도 사육하지 않고 인력으로 물건을 운반했다.

마야 문명이 쇠퇴하기 시작한 것은 기원후 8세기에서 9세기에 이르는 기간이었다. 기후 변화, 환경 파괴 등으로 인한 식량 부족과 질병 등이 원인이 되어 인구수가 대폭 줄었으며, 도시국가들끼리 빈번하게 전쟁을 벌이는 과정에서 힘을 잃은 것으로 추정되지만, 멸망 원인에 관해서는 이외에도 다양한 의견이 있다. 결국 마야 문명은 이후 등장한 아스텍 문명에 영향을 주고 잊혔다. 16세기 스페인의 침략으로 마야 문명의 유적은 철저히 파괴되고 현재는 일부만이 남아 있다.

마야 문명과 란다

근대에 와서 마야 문명을 이해하는 첫걸음은 《유카탄 보고서 (Relación de las Cosas de Yucatán)》라는 책으로 시작되었다. 이 책의 저자는 당시 이 지역의 주교로 활동했던 란다(Fray Diego de Landa, 1524~1579)인데, 마야의 종교, 역사, 문화, 언어, 문자 체계 등이 기록되어 있다. 또한 란다는 마야 문자를 라틴 문자와 같은 음소문자라고 생각해서, 마야 문자와 라틴 문자를 일대일로 대응시킨 일람표를 만들기도 했다. '란다의 알파벳'이라고 불리는 이 일람표와 더불어 이 책에 담긴 마야어 구절 등이 나중에 마야 문자 해독에 크게 참고가 되었다. 이 책은 마야에 관한 최초의 연구라고 할 수 있으며, 마야 문명 연구에 있어서 필수적인 자료다.

그러나 사실 란다는 마야 문명을 파괴하는 데에 앞장섰던 인물이다. 란다는 1549년 당시 프란치스코회 수도사의 자격으로 그리스도교를 선교하기 위해 유카탄 반도로 들어갔다. 그는 몇 달만에 마야어를 배우고 마야어로 설교하는 등 마야 문화에 호감을 가지고 있었다. 란다는 마야의 유물에서 사람을 희생 제물로 바친 증거가 드러나자 마야의 종교와 문화는 악마가 남긴 것이라며 마야 문자로 기록된 책들을 모두 불태워버렸는데, 이때 불타 없어진 책은 과학, 의학, 천문학, 역사, 예언서, 전기(傳記), 문학, 족보, 노래집 등 수천 권에 달했다. 결국 란다는 마야 문명의 파괴자이면서, 동시에 마야 문명의 해설자라는 모순적인 이름을 얻게 된다.

마야 문명의 문헌

마야 문명이 남긴 대부분의 기록은 소멸되었지만, 세 종류의 필사본이 겨우 살아남아 마야 문명이 남긴 방대한 지식 중 일부를 엿볼 수 있게 한다.

가장 대표적인 필사본은 독일 드레스덴에 보관되어 있는 드레스덴 사본이다. 드레스덴 사본은 마야 문자 해독에 아주 중요한 역할을 한 사본으로, 마야의 전성기 때에 만든 원본을 나중에 옮겨 쓴 것이다. 이 사본에는 마야 문명의 천문학과 역법에 관한 지

드레스덴 사본

마드리드 사본

식이 전체 78쪽에 걸쳐 자세하게 기록되어 있는데, 이 사본에 들어 있는 달력이 2012년 12월까지만 나와 있어 한때 종말론을 기록한 것으로 오해받기도 했다. 이 사본은 오랫동안 잊힌 채 방치되다가 1810년 다시 발견되었다.

이외에도, 현존 사본 중 가장 길며 종교 의식과 관련된 내용이 들어 있는 마드리드 사본, 점성술과 천문학에 관한 내용이 포함된 파리 사본이 있다. 1970년대에 멕시코에서 11쪽으로 된 문헌이 새로 발견되었지만, 기존 사본의 내용과 비교해 새로운 사실은 들어 있지 않기 때문에, 진위 여부에 관한 논쟁이 여전히 진행되고 있다.

마야 문자의 해독

처음에 마야 문자는 언어를 적은 문자가 아니라 단순한 그림으로 생각되었다. 게다가 마야 문명의 여러 도시국가에서 30여 가지의 언어가 사용되었기 때문에 문자가 표기하는 언어가 어떤 것인지 판단하는 일부터 쉽지 않았다.

19세기 말부터 많은 학자들이 마야 문자의 해독에 참여했지만, 본격적인 해결의 단초를 마련한 사람은 러시아 언어학자 크노로소프(Yuri Knorosov, 1922~1999)다. 그는 1952년 마야 문자가 의미를 나타내는 단어문자와 소리를 나타내는 음절문자로 나뉜다는 사실을 발견했고, 마야 문자 비문들을 해독하게 된다. 그는 처음에 '칠면조'를 나타내는 문자와 '개'를 나타내는 문자에 공통으로 들어 있는 글자를 음절문자로 가정하면서부터 해독에 이르게 되었다. 크노로소프의 해독으로 마야 문명과 마야 사회를 이해할 수 있는 문이 열린 것이다. 다만, 당시 러시아(구소련)와 미국은 이념의 차이로 적대하고 있던 상황이어서 그의 연구 성과는 서방의 학자들에게 완전히 무시되었다. 이를테면, 마야 문자를 체계적으로 분류하여 마야 문자 목록을 완성한 저명한 마야학자였던 톰

슨(Eric S. Thompson, 1898~1975)도 크노로소프의 해석을 부정했다. 1960년대 들어 점차 크노로소프의 추정이 옳았음이 판명된다.

사실 크노로소프가 마야 문자에 관심을 가지게 된 경위는 꽤 드라마틱하다. 1945년 5월에 소련군이 베를린으로 진격할 때, 그는 폐허가 된 드레스덴 국립도서관에서 책을 한 권 발견했는데, 깨끗하게 복제된 흑백 사본의 정체는 바로 드레스덴과 마드리드, 그리고 파리의 사본이었다. 언어학을 배운 뒤 그는 러시아 유일의 마야학자가 됐다.

또한 하버드 대학에서 연구하던 러시아인 프로스코우리아코프(Tatiana Proskouriakoff, 1909~1985)는 마야 유적에 있는 마야 문자를 일일이 그리다가 반복되는 그림이 나오는 것을 깨달았다. 그녀는 이를 토대로 문자의 일부가 숫자 및 날짜, 왕의 이름, 왕의 탄생, 왕위 승계, 결혼, 왕의 사망과 같은 역사적 사건들을 나타내는 기호라는 것을 해석해냈다.

이와 같이, 여러 학자의 노력에 힘입어, 오늘날에는 마야 문자 자료의 85퍼센트 정도가 해독되었다. 마야 문자는 원 아메리카 문명의 문자 중 유일하게 해독된 문자 체계다. 마야 문자를 통해서 유럽이 침략하기 이전에 이미 아메리카 대륙에 고도로 발달한 문명이 번성했다는 사실을 알게 되었으며, 잃어버린 세계의 역사를 새롭게 알게 되었다.

체로키 문자

19세기에 인공적으로 만든 문자

- **시기** 1821년 이후
- **지역** 북아메리카 노스캐롤라이나, 오클라호마, 아칸소 등지
- **특징** 표음문자-음절문자
- **언어** 이로쿼이어족-체로키어

체로키 문자

체로키 문자(Cherokee syllabary)는 1821년 북아메리카에 거주하는 체로키 인디언이 라틴 문자를 참고해 만든 85개의 음절문자다. 체로키 문자의 글자 모양은 라틴 문자와 비슷한 것이 매우 많지만 소릿값은 전혀 다르다. 예를 들어 체로키 문자 **D**는 음절 [아], **A**는 음절 [고], **S**는 음절 [두]를 나타낸다.

체로키 부족 정부는 1825년 체로키 문자를 공식 문자로 채택

체로키 문자로 발간된 신문. 체로키 문자와 라틴 문자가 나란히 사용되었다.

했으며, 1828년에는 보스턴에서 체로키 문자를 인쇄할 수 있는 활자를 만든 후 법률, 종교 문헌, 교과서, 인디언 전통 의학서 등이 체로키 문자로 번역되어 출간되었다. 또한 체로키 문자와 라틴 문자가 나란히 사용된 신문인《체로키 피닉스Cherokee Phoenix(ᏣᎳᎩ ᏧᎴᎮᏏᏅᎯ, Tsalagi Tsulehisanvhi)》가 발간되는 등 여러 인쇄물에 체로키 문자가 널리 사용되어 체로키족의 문맹률을 낮추는 데 크게 기여했다.《체로키 피닉스》는 미국에서 아메리카 원주민 언어로 발간된 최초의 신문이다.

문자는 일반적으로 기존 문자가 다른 언어에 적용되면서 자연스럽게 변화한다. 그렇기 때문에 세계 문자의 역사에서 인공적으로 문자를 만들거나 창제자가 알려진 문자는 그다지 많지 않다. 체로키 문자처럼 기존 문자를 참고해 문자라는 개념과 글자의 모양을 받아들여 전적으로 새롭게 문자를 만드는 것을 '아이디어 확산'에 의한 문자 창제라고 한다.

표 7-6 **체로키 문자와 그 소릿값**

Ꭰ a	Ꭱ e	Ꭲ i	Ꭳ o	Ꭴ u	Ꭵ v=[ə]
Ꭶ ga	Ꭸ ge	Ꭹ gi	Ꭺ go	Ꭻ gu	Ꭼ gv
Ꭽ ha	Ꭾ he	Ꭿ hi	Ꮀ ho	Ꮁ hu	Ꮂ hv
Ꮃ la	Ꮄ le	Ꮅ li	Ꮆ lo	Ꮇ lu	Ꮈ lv
Ꮉ ma	Ꮊ me	Ꮋ mi	Ꮌ mo	Ꮍ mu	
Ꮎ na	Ꮑ ne	Ꮒ ni	Ꮓ no	Ꮔ nu	Ꮕ nv
Ꮖ qua	Ꮗ que	Ꮘ qui	Ꮙ quo	Ꮚ quu	Ꮛ quv
Ꮜ sa	Ꮞ se	Ꮟ si	Ꮠ so	Ꮡ su	Ꮢ sv
Ꮣ da	Ꮥ de	Ꮧ di	Ꮩ do	Ꮪ du	Ꮫ dv
Ꮤ ta	Ꮦ te	Ꮨ ti			
Ꮭ tla	Ꮮ tle	Ꮯ tli	Ꮰ tlo	Ꮱ tlu	Ꮲ tlv
Ꮳ tsa	Ꮴ tse	Ꮵ tsi	Ꮶ tso	Ꮷ tsu	Ꮸ tsv
Ꮹ wa	Ꮺ we	Ꮻ wi	Ꮼ wo	Ꮽ wu	Ꮾ wv
Ꮿ ya	Ᏸ ye	Ᏹ yi	Ᏺ yo	Ᏻ yu	Ᏼ yv
Ꭷ ka	Ꮏ hna	Ꮐ nah	Ꮬ dla	Ꮝ s	

체로키어

체로키어는 북아메리카에 유럽인이 들어오기 전부터 사용되던 언어인 이로쿼이어족(Iroquoian languages)에 속하는 언어로서, 북아메리카의 노스캐롤라이나, 오클라호마, 아칸소 등지에서 체로키족이 사용하는 언어다. 이들 지역에서 체로키어는 영어와 함께 공식어로 지정되어 있기 때문에 행정기관에서는 두 언어를 나란히 표기하거나 번역 서비스를 제공하고 있다. 그러나 현재 약 1,500여 명만이 사용하고 있어 절멸 위기에 처한 언어다.

특히 1870년대부터 20세기 초까지 미국 정부는 아메리카 원주민 동화 정책을 시행해 아메리카 원주민 아이들은 강제로 가족 품을 벗어나 기숙학교에 보내져 교육을 받았다. 이 때문에 체로키어를 말할 수 있는 체로키인이 많이 줄어들었다. 현재 체로키 공동체의 10퍼센트 미만이 체로키어를 사용하는 것으로 추산된다.

체로키어는 유형론적으로 포합어(抱合語, polysynthetic languages)에 속한다. 포합어란 여러 개의 형태소가 결합해 하나의 문장이 마치 하나의 단어처럼 사용되는 언어다. 일본 홋카이도의 아이누어 및 아메리카 인디언어, 에스키모어 등이 포합어에 속한다. 〈표 7-7〉의 예를 보면 체로키어에서 문장을 구성하는 요소들이 결합해 한 문장이 하나의 단어를 이루는 것처럼 보임을 알 수 있다.

표 7-7 체로키어의 표기

체로키어 표기	dv:ní:ne:gi?e:li
발음	[təənííneeki?eeli]
구조	ta-annii-nee+ki?-ee-l-i 쪽으로-3인칭 복수-술+가져오다-에게-완료-이동
의미	그들이 그에게 술을 가져올 것이다.

체로키 공동체

체로키족은 오늘날 미국 내에 남아 있는 인디언 부족 중 가장
큰 공동체로, 원래 현재 미국 동부의 버지니아 주와 남북 캐롤라
이나 주에 거주하고 있었다. 체로키족은 19세기 초기부터 영국의
영향을 받아 삼권분립 제도를 갖춘 정부 체계, 노예제로 운영되는
대규모 목화 농장, 고유의 문자 체계 등 행정·경제·문화적으로 안
정성을 유지했다.

미국 독립전쟁의 와중에 체로키 공동체와 동맹을 맺은 영국이
미국에 패배하고 또한 조지아 주에서 일어난 골드러시의 영향을
받아, 체로키족은 1839년 미국 중부 오클라호마 지역 등으로 강
제 이주당하는 과정("눈물의 길")에서 근거지를 잃고 많은 인구가
질병과 궁핍으로 목숨을 잃게 되었다.

오늘날에는 체로키 자치 정부(Cherokee Nation)가 주권, 자치권을
행사하고 있으며 제도나 체제가 잘 정비되어 있어, 실질적으로 미

국 내 원주민 부족들 중에서는 가장 부유한 부족 중 하나다.

체로키 문자의 현재

체로키 문자는 체로키 공동체의 정체성과 자존심의 상징으로 기능하고 있어 종교 문헌, 전통의학서적, 사전, 달력, 신문 등에 사용되고 있다. 〈표 7-8〉과 같이, 라틴 문자로 표기하는 것보다 체로키 문자로 표기하는 것이 훨씬 간단하고 짧게 되기 때문에 어느 정도 효용성이 있다.

표 7-8 체로키 문자 표기와 라틴 문자 표기 비교

체로키 문자 표기	GWY	DƀP	JӨSGꞀꚙJ
라틴 문자 표기	Cherokee	ayeli	tsunadeloquasdi
의미	체로키	중(中)	학교

하지만 체로키 문자의 사용은 점차로 감소하고 있어서 라틴 문자에 밀리고 있는 형편이다. 다만 체로키어와 체로키 문자를 되살리려는 노력이 계속되고 있어, 이 지역 여러 학교와 대학에서도 강의되고 있다. 최근 디지털 매체에 익숙한 체로키족 젊은이들이 스마트폰에서도 체로키 문자를 사용할 수 있도록 여러 도구가 개발되고 있다.

(왼쪽) 스마트폰에 구현된 체로키 문자
(오른쪽) 체로키 문자와 라틴 문자로 쓰인 '체로키 중학교'

세쿼이아

체로키 문자는 미국 아칸소 주에 거주하던 체로키족 인디언 세
쿼이아(ᏍᏍᎥᎤ, 1770~1843)가 만들었다. 처음에는 수천 개의 단어
문자를 만들었지만, 체로키어를 적는 데 적절하지 않다는 사실을
깨닫고 음절문자로 다시 고안했다. 세쿼이아가 문자를 만들겠다고
결심하게 된 것은 당시 식민 지배를 하던 유럽인의 문화가 문서 생
활을 통한 정보 교환에서 비롯된 것이라고 생각했기 때문이다. 그
는 이른바 '말하는 종이'를 동포에게도 주겠다는 목표로 오랫동안
주위의 반대와 조롱에 부딪히면서도 문자 창제에 몰두했다.

세쿼이아는 학교 교육을 받지 않아 문맹이었고 영어도 몰랐다.
그렇기 때문에 영어 철자 교본을 참고해서 발음과 상관없이 라
틴 문자의 낱글자 모양만 그대로 베껴 와서 체로키어 음절에 할당

미국 의회도서관 문에 새겨진 세쿼이아(오른쪽)

했다. 또한 키릴 문자, 그리스 문자, 히브리 문자, 아랍 문자 수사 등
도 참고했다. 처음에 체로키족은 문자를 받아들이려고 하지 않았
지만, 세쿼이아가 사람들이 하는 말을 자신이 만든 문자로 적고
다른 곳에 있던 딸을 불러 읽게 하는 방법으로 문자의 효용성을
입증했다고 한다.

이처럼 문자를 읽고 쓸 줄 모르는 사람이 문자를 만든 것은 문
자의 역사에서 매우 드문 현상이다.

크리 문자

기하학에 기반을 둔 문자

- **시기** 1840년 이후
- **지역** 북아메리카
- **특징** 표음문자-음소음절문자
- **언어** 알그어족-알곤킨어파-크리어

크리 문자

크리 문자(Cree syllabics)는 9개의 간단한 기본자로 이루어진 음소음절문자다. 기본자는 '자음+모음 e'가 결합한 음절을 나타내며, 기본자가 상하좌우로 네 방향을 바꾸면서 네 가지 다른 모음을 포함하는 음절을 표시한다. 예를 들어 ᐁ는 음절 ne를 나타내며 이 글자가 방향을 바꾼 ᐊ, ᐅ, ᐄ 등은 각각 음절 ni, no, na가 된다.

크리 문자가 표기하는 크리어에는 단모음 4개 외에 장모음이

3개 더 있지만, 숫자 4를 신성시하는 전통에 따라 네 개의 모음 글자만 만들었다고 한다. 장모음은 단모음 위에 점을 찍어 나타낸다.

표 7-9 크리 문자와 자음과 모음

	e	i	o	a	î	ô	â
—	▽	△	▷	◁	Δ̇	▷̇	◁̇
p	V	Λ	>	<	Λ̇	>̇	<̇
t	U	∩	⊃	⊂	∩̇	⊃̇	⊂̇
k	۹	ρ	ᑯ	ᑫ	ρ̇	ᑯ̇	ᑫ̇
ch	ᒉ	ᒋ	ᒍ	ᒐ	ᒋ̇	ᒍ̇	ᒐ̇
m	ᒣ	ᒥ	ᒧ	ᒪ	ᒥ̇	ᒧ̇	ᒪ̇
n	ᓀ	σ	ᓄ	ᓇ	σ̇	ᓄ̇	ᓇ̇
s	ᓭ	ᓯ	ᓱ	ᓴ	ᓯ̇	ᓱ̇	ᓴ̇
y	ᔦ	ᔨ	ᔧ	ᔭ	ᔨ̇	ᔧ̇	ᔭ̇

크리어

크리어(Cree language)는 북아메리카, 특히 캐나다 서쪽 지역에 거주하는 원주민 크리족이 사용하는 언어다. 알그어족 알곤킨어파에 속하며, 다른 아메리카 원주민 언어와 마찬가지로 포합어(抱合語)다. 캐나다에서 널리 쓰이는 언어에 속해 있기 때문에 영어와 프랑스어에서 유래한 표현이나 어휘도 많이 존재한다. 크리어는 현재 주로 로마자를 사용해 표기하지만, 크리 문자로도 표기한다.

표 7-10 **로마자와 크리 문자로 표기한 'I love you'**

영어	I love you
크리어	kisâk·ihitin
	ᑭᓵᐠᐦᐃᐦᐃᑎᐣ

크리 문자와 라틴 문자로 쓰인 표지판

캐나다 원주민 음절문자

크리 문자는 원래 영국인 감리교 선교사 에번스(James Evans, 1801~1846)가 북아메리카의 원주민 오지브와족의 언어를 표기하기 위해 1840년 피트먼식 영어 속기를 참고해 고안한 문자였다. 모양이 단순하고 배우기 쉬울 뿐 아니라 문자기호의 수가 적고 공간이 적게 들어 아메리카 원주민 사이에서 널리 퍼졌다. 1861년부터

이 문자로 번역된 크리어 성경
이 먼저 인쇄되었기 때문에 크
리 문자라는 이름으로 널리
알려지게 되었다.

크리 문자는 북아메리카 여
러 원주민 언어나 방언의 음
운 체계에 맞게 새로운 글자가
더 추가되면서 나스카피어, 블
랙풋어 등으로도 채용되었으
며, 이렇게 확장된 크리 문자
는 '캐나다 원주민 음절문자
(Canadian Aboriginal syllabics)'라
는 이름으로 폭넓게 불린다.

크리어 성경(창세기)

표 7-11 언어에 따라 추가된 글자기호(일부)

⌐	�志	×	ᔓ	ᑫ	ᑬ	ᖬ	ᐧᐧ	ᖔ	ᖫ
ᐱ	ᑌ	ᕟ	ᑩ	∝	ᕒ	∩	ᕓ	ᖖ	ᖷ

1856년에는 에스키모알류트어족의 이누이트어도 크리 문자
를 수정해 표기했는데, 이 문자를 따로 이누이트 문자라고 부르
기도 한다. 또한 1936년경에 영국인 선교사 폴라드(Sam Pollard,

크리 문자 **297**

1864~1915)가 중국 남부 및 인도차이나 반도 등지에서 사용되는 묘족 언어를 위해 만든 폴라드 문자도 크리 문자를 참고한 것이다.

아메리카 원주민 언어

크리 문자가 주로 표기하는 북아메리카 원주민들의 언어는 주로 알그어족 알곤킨어파에 속하는 언어들로서, 이 언어들은 매우 일찍부터 연구되었다.

오지브와어(Ojibwe language)는 북아메리카 대륙의 오대호에

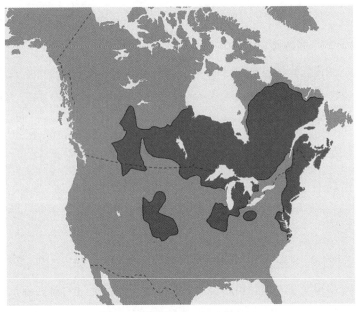

유럽인과의 접촉 이전 알곤킨어파의 분포

7장 | 아메리카의 문자들

서 서쪽 평원에 걸쳐 사는 오지브와족이 말하는 언어다. 미국 원주민의 언어 중에서도 화자가 많고 방언도 다양하다. 블랙풋어 (Blackfoot language)는 북아메리카 북서부의 평야에 사는 원주민 언어다. 블랙풋이라는 이름은 발바닥을 검게 칠한 가죽 신발을 신고 있었기 때문에 붙은 것이라고 한다. 나스카피어(Naskapi language)는 약 500명의 화자가 캐나다 북부 퀘벡 등지에서 사용하고 있는 언어다.

8장

유럽의 문자들

룬 문자

마법의 힘이 담겼다고 믿어온 문자

- **시기** 기원후 1세기~17세기
- **지역** 유럽
- **특징** 표음문자-음소문자
- **언어** 고대 노르드어

룬 문자

룬 문자(Runes 또는 Runic alphabet)는 기원후 1세기 무렵부터 스칸디나비아 반도, 아이슬란드를 비롯한 북유럽과 영국 등에서 사용되던 문자다. 룬 문자는 주로 돌, 나무, 뼈 등에 기록되었으며, 동전, 반지, 무기 등 금속에 새겨진 것도 있다. 이처럼 딱딱한 도구 위에 쓰였기 때문에 문자 모양은 곡선 없이 각져 있으며 수평으로 그은 획도 잘 나타나지 않는다.

룬 문자의 기원은 아직 확실하게 밝혀지지 않았다. 현재까지 많은 자료가 발견된 덴마크 지역에서 처음 만들어진 후 유럽 남부로 전해졌다는 가설이 있으며, 알프스 지방에 살던 게르만 민족의 한 부족이 이탈리아 북부에서 사용되던 에트루리아 문자를 차용해 변형했다

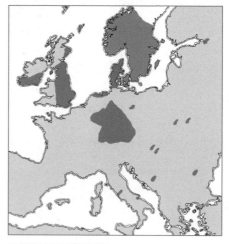

룬 문자가 주로 사용된 지역

는 가설도 있다. 후자의 가설을 받아들인다면, 룬 문자는 기본적으로 그리스 문자와 라틴 문자와 같은 계통의 문자로서 게르만 대이동 시기 때 유럽 남부에서 북부로 전파된 것이다. 이외에도 그리스 문자의 소문자가 변형되었다는 주장도 있고, 라틴 문자의 대문자에서 기원을 찾는 경우도 있다.

룬 문자의 종류

룬 문자는 지역과 시대에 따라 여러 종류가 있으나, 크게 게르만 룬 문자, 앵글로색슨 룬 문자, 스칸디나비아 룬 문자의 세 종류로 구분된다.

'게르만 룬 문자'는 가장 오래된 룬 문자로, 1세기부터 9세기 이전까지 덴마크, 북부 독일 등 북유럽에 거주하던 게르만 민족이 사용했다. 게르만 룬 문자는 모두 24개이며, 글자를 순서대로 배열했을 때 앞 여섯 개 글자의 소릿값 F, U, þ, A, R, K를 따서 '푸사르크'라고도 부른다(þ는 영어 th와 같은 발음이다). 게르만 민족이 그리스도교를 받아들인 이후 게르만 룬 문자는 점차로 라틴 문자로 대체되었다.

표 8-1 **게르만 룬 문자**

ᚠ	ᚢ	ᚦ	ᚨ	ᚱ	ᚲ	ᚷ	ᚹ
F	U	TH	A	R	K	G	W
재산	들소	토르 신	신	여행	횃불	선물	기쁨
ᚺ	ᚾ	ᛁ	ᛃ	ᛇ	ᛈ	ᛉ	ᛊ
H	N	I	J	Æ	P	Z	S
재해	고난	얼음	수확	나무	행운	엘크	태양
ᛏ	ᛒ	ᛖ	ᛗ	ᛚ	ᛜ	ᛞ	ᛟ
T	B	E	M	L	NG	D	O
티르 신	자작나무	말	인간	물	잉그비 신	낮	유산

5세기경 게르만 룬 문자를 빌려다 영국에서 사용하던 룬 문자를 '앵글로색슨 룬 문자'라고 한다. 앵글로색슨 룬 문자는 고대 영어에만 있던 모음과 자음을 표기하기 위해 글자 수가 28개가 되었다가 10세기에는 33개까지 늘어난다. 문자의 배열 순서도 바뀌면서 문자 이름도 '푸소르크(FUþORC)'라고 불렸다. 원주민이던 켈

앵글로색슨 룬 문자. 스코틀랜드 남부 루스웰의 교회에 보관된 프랑크족의 상자에 앵글로색슨 룬 문자가 남아 있다.

트족은 이 문자를 게르만 민족 침입의 상징으로 생각헤 사용하지 않았으며, 그리스도교 선교사들도 이교도의 관습이라는 이유로 이 문자를 사용하지 못하게 했다. 1066년 잉글랜드에 노르만 왕조가 세워지고 유럽 대륙의 문화가 들어오게 되는 과정에서 라틴 문자로 대체되었다.

'스칸디나비아 룬 문자' 또한 8세기경 게르만 룬 문자를 받아들여 스칸디나비아 반도에서 사용하던 문자다. 11세기 초 바이킹의 정복 활동 시기에 유럽 여러 곳을 포함해 아이슬란드와 그린란드까지 전파되었다. 이 문자는 하나의 글자에 둘 이상의 소리를 표기했기 때문에 글자 수가 16개까지 줄어들었다. 예를 들면 k와 g를 하나의 글자로 표기했고, a, œ, o를 하나의 글자로 표기했다.

그래서 다른 룬 문자들과 달리 모음을 표시하는 글자가 세 종류 밖에 없다. 글자 수가 부족해 모든 소리를 다 적을 수 없게 되자, 10세기경에는 글자에 점을 붙여 나타내기도 했다. 스칸디나비아 룬 문자는 북유럽에서 11세기경 가장 활발하게 사용되었으며, 이후 다양한 종류의 룬 문자로 발달했다. 스칸디나비아 반도 등 일부 지역에서는 17세기 무렵까지 민간에서 만든 달력 등에 사용되었으며, 중세 이후에도 관련 자료가 발견되기도 한다.

표 8-2 스칸디나비아 룬 문자

ᚠ	ᚢ	ᚦ	ᚬ	ᚱ	ᚴ	ᚼ	ᚾ
F	U	TH	Ą	R	K	H	N
ᛁ	ᛆ	ᛋ	ᛏ	ᛒ	ᛘ	ᛚ	ᛦ
I	A	S	T	B	M	L	R

룬 문자와 게르만어파

룬 문자는 인도유럽어족 게르만어파의 언어를 기록하는 데 사용되었다. 게르만 룬 문자는 게르만어파의 언어가 분화하기 이전에 폭넓게 사용되었으며, 앵글로색슨 룬 문자는 게르만어파 중 서게르만어군에 속하는 고대 영어를 기록했고, 스칸디나비아 룬 문자는 북게르만어군에 속하는 언어를 기록했다. 특히 덴마크어, 스웨덴어, 노르웨이어, 아이슬란드어 등 북게르만어군의 언어를 고대 노르드어 또는 스칸디나비아 제어라고 따로 부르기도 한다.

표 8-3 룬 문자와 기록한 언어

룬 문자의 종류	기록한 언어	비고
게르만 룬 문자	원시 게르만 언어	
앵글로색슨 룬 문자	고대 영어	서게르만어군
스칸디나비아 룬 문자	고대 노르드어	북게르만어군

룬 문자와 마법

고대 노르드어에서 rune은 '문자, 글자, 새기다'라는 의미를 가지고 있었으며, 고대 독일어에서는 '비밀, 신비'라는 뜻의 rūne, '속삭이다'라는 뜻을 가진 raunen 등과 관련이 있는 것으로 여겨졌다. 게다가 룬 문자가 일상 언어를 기록하는 데에는 그다지 사용되지 않고 비석, 무기, 장신구 등에 새겨지면서, 마법의 힘이 있는 문자라는 이미지가 더해졌다. 또한 그리스도교 전래 과정에서 부정적인 이미지가 덧씌워지는 과정에서도 룬 문자에 신비로운 면이 덧붙여졌다.

고대 북유럽 사람들은 룬 문자 낱글자마다 특정한 의미가 있어 주술적인 능력을 가지고 있다고 믿었다. 이를테면, ᚠ은 재산이나 부자, ᚱ은 이동이나 여행, ᚷ은 선물, ᚾ은 고난 등 소릿값 외에도 두음법(頭音法)에 따라 고유한 의미를 가지고 있다고 생각한 것이다.

그래서 룬 문자를 이용해 점을 치거나 병을 치료하기도 했으며, 사랑을 얻거나 자신에게 닥칠 재난을 막기 위해 사용했다고 한다. 또한 현대에서도 '고대 유럽인이 사용한 문자, 북유럽 신화와 관련된 문자'라는 이미지와 함께 신비롭고 마법적인 면이 더욱 부각되면서 유럽 대중 사이에서 점술 도구로서 인기를 얻게 되었다.

현대의 룬 문자

룬 문자가 가진 신비스러운 이미지 때문에 룬 문자는 여러 작품에서 마법을 가진 문자로 사용되기도 한다. 예를 들어 J. R. R. 톨킨

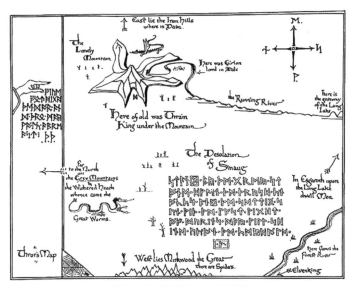

톨킨의 소설 〈호빗〉에 나오는 룬 문자

이 쓴 소설 〈호빗〉에서는 앵글로색슨 룬 문자가 호빗의 문자로 쓰이며, 같은 작가의 〈반지의 제왕〉이나 조앤 K. 롤링의 〈해리 포터〉 시리즈에도 룬 문자가 등장한다. 또한 컴퓨터 게임이나 〈스타게이트〉, 〈겨울왕국〉과 같은 영화에서도 룬 문자를 찾아볼 수 있다.

룬 문자는 현대 아이슬란드 문자에도 흔적이 남아 있다. 아이슬란드는 기본적으로 라틴 문자를 사용하지만, 룬 문자에서 기원한 þ를 추가해 사용한다. 영국에서는 중세 분위기를 내기 위해 룬 문자가 들어 있는 표기를 사용하기도 한다. 예를 들어 음식점이나 술집 등에 보이는 'Ye Olde'는 'the old'라는 뜻으로서, 여기서 Y는 þ의 옛 모양을 흉내 낸 것이다.

(왼쪽) 'Service Desk'에 해당하는 아이슬란드어의 첫 글자가 룬 문자에서 온 þ로 쓰여 있다.
(오른쪽) 중세 분위기를 내기 위해 룬 문자를 사용한 간판

무선 통신 기능을 의미하는 블루투스는 덴마크와 노르웨이의 왕 하랄 블라톤(Harald Blåtand, 910?~985?)의 이름을 영어식으로 바꾼 것인데, 그가 분열된 덴마크를 통일한 것에 착안했다고 한다.

블루투스를 나타내는 로고 또한 왕 이름의 첫 글자의 스칸디나비아 룬 문자 ✳(H)와 ᛒ(B)를 결합해서 만든 것이다.

블루투스 로고

애니메이션 〈겨울왕국〉에서 얼어버린 안나를 고칠 수 있는 곳을 찾기 위해 아버지 왕이 참고한 책도 룬 문자로 되어 있다.

애니메이션 〈겨울왕국〉에 등장하는 룬문자

1: ᛋᛏᚨᚾᛏ ᚠᚢᛏᚢ ᚢᛏᛏᚦᛘ ᛏᚢᚠᛏᚩᛁᚤᛁᛏᚾᛁᛋ ᛈᛏᚢ

2: ᛏᚱᚢᚸᚨ ᛁᚠ ᛋᚢᛏᚱᛏᚠᛁᛏᛏᚱᛁᚠᛁ ᛏᛁᚠᚢ

3: ᚸᛏᚠᛏᛁᛋᛉᛏᚦᛘ ᛋᚢ ᛧᛏ ᛁᛋ ᛁᚠ ᚠᛏᛏᛏᚱᛁ ᛋᛏᚱ

4: ᚤᛏ ᚠᚱᚢᚦᛏ ᛁᚠ ᚠᚢᚱᛙ ᛏᛏᛒᚱᛏᛈᚸᛁᛏ ᛏᛁᚸ

5: ᚢᛏᛏᚨᛁᛋ ᛈᛏᛁᚨᛏ ᛏᚱᚢᚸ ᛏᛁᚠᚢ ᛈᛏ ᛧᛏᛏᚢᚱᚢ

6: ᛧᛏ ᛈᛏᚢ ᚠᛏ ᛏᚨᛏᛏ ᚠᛏᛏᛏᚱ ᛏᚠᛈᛁᚱᛈᛧᛏ[ᚸ]

7: ᚢᛉ ᚠᚢᚠᚢᚸᛁᚠᛁ ᛏᛁᚤᛧ ᛏᛏᛏ ᛈᚢᛁ ᛏᛧᛈ ᚠᛏᚱ

8: ᛁ ᚢᚸᚢᚠᛁᛏᛁ ᛏᛋᛏ ᛁᛋ ᛋᚢ ᛏᛁᛏᛧ ᛁᛋ ᚠᛏᛘ

9: ᛏᚠᛈᛁᚱᛈᛧᛏ[ᚸ] ᛉᛁᛏᚱᛏᛏ ᚠᚱᚢᛏ ᛏᛏᛒᚱᛏᛈᚸᛁᛏ

달에서 내려온 힘으로 얼어버려도, 검은산 왕국의 트롤들은 치유하는 손을 가지고 있으니 추위에 상처 입은 영혼은 트롤 계곡에 가져가면 치유되리라. 그들은 다가간 몸에서 마법을 끌어내어 구원하니 진정한 사랑만이 돌이 된 마음을 치유할 수 있다네.

글라골 문자

슬라브 민족에게 그리스도교를 전해준 문자

- **시기** 기원후 9세기~12세기
- **지역** 동유럽
- **특징** 표음문자-음소문자
- **언어** 고대 교회 슬라브어

글라골 문자

글라골 문자(Glagolitic alphabet)는 9세기 후반 유럽 동남부, 즉 현대의 체코, 슬로바키아, 헝가리에 걸쳐 있는 지역과 불가리아, 알바니아, 세르비아, 크로아티아 등이 위치하고 있는 발칸 반도에서 사용되기 시작한 문자다. 글라골 문자는 슬라브어를 기록한 최초의 문자이며, '글라골'은 고대 슬라브어로 '말하다'라는 뜻이다.

표 8-4 글라골 문자

＋	ᚽ	ᴕ	℅	♫	Ǝ	⊗	♧	
a	b	ʋ	g	d	ε	ʒ	dz	
⊕	ᛜ, ℘	ᚣ	ℳ	Ь	♫	℀	Ρ	
z	i, j	i, j	dʒ	k	l, ʎ	m	n, ɲ	
Э	ᴦ	ᛒ	Ⓠ	ᙁ	℈	Φ	ᥬ	
ɔ	p	r	s	t	u	f	x	
Ⓠ	ᛞ	Ꝟ	⅏	Ш	ᙎ	ᙎ, ℘	ᙎ	
ɔ	tʲ, ʃt	ts	tʃ	ʃ	ɯ	ɨ	ə	
ᐃ	⍟	ℙ	€	Ⴟ	ℋ	℀€	♦	ᙎ
æ, ja	jo	ju	ɛ̃	jɛ̃	ɔ̃	jɔ̃	θ	ʏ, i

글라골 문자로 쓰인 표지판

글라골 문자와 키릴로스 형제

동유럽 지역은 기원후 9세기경부터 슬라브 민족의 문화가 발달
한 곳이었는데, 서방의 로마 교회는 이 지역 선교에 관심이 컸다.

동로마 황제는 서방 교회의 영향력을 차단하고 동방 교회를 확산하기 위해 키릴로스(827~869, 원래 이름은 콘스탄티노스)와 메토디오스(826~885) 형제를 선교사로 파견한다. 키릴로스 형제는 그리스의 테살로니카 출신이지만 슬라브어에 익숙했다. 당시 테살로니카는 그리스어와 함께 슬라브어 방언을 사용하는 곳이었기 때문이다.

키릴로스 형제는 그리스 문자의 필기체를 변형해 글라골 문자를 만들었다. 글라골 문자는 라틴 문자나 그리스 문자로 표기하기 어려운 슬라브어의 '스, 쉬, 츠, 치'와 같은 치찰음을 잘 표현할 수 있어서, 이 지역에 널리 퍼지게 되었다. 글라골 문자가 만들어진 이후 그리스어로 된 성경뿐만 아니라 많은 그리스도교 문헌이 슬라브어로 번역되었으며, 교회 전례와 설교가 슬라브어로 이루어지게 되었다. 따라서 글라골 문자는 동방 정교회의 전파와 슬라브 문화 발전에 크게 이바지한 문자다.

고대 교회 슬라브어

'교회 슬라브어'는 그리스도교를 받아들인 슬라브 문화권에서 14세기부터 사용된 언어를 가리키는 말이다. 교회 슬라브어는 오늘날 러시아 정교회에서 여전히 사용하고 있다. 교회 슬라브어 중, 특히 9세기에서 12세기 사이에 슬라브어 교회 문헌에 사용된 슬라브어를 '고대 교회 슬라브어(Old Church Slavonic)'라고 따로 부

글라골 문자로 쓰인 성경

크로아티아 지폐에 사용된 글라골 문자

른다.

고대 교회 슬라브어는 슬라브어 중에서 문헌으로 남아 있는 최
초의 언어다. 슬라브어가 지금과 같이 여러 언어로 갈라지기 전에

슬라브 민족이 공통으로 사용했던 언어에 가까운 형태를 유지하고 있어, 언어의 역사를 연구하는 데 매우 중요한 언어다. 고대 교회 슬라브어의 초기 문헌은 글라골 문자로, 후기 문헌은 키릴 문자로 적혀 있다.

글라골 문자와 키릴 문자

초기 키릴 문자가 발달하기 시작하면서 글라골 문자는 점차 사용 빈도가 줄어들게 된다. 초기 키릴 문자는 그리스 문자를 바탕으로 글라골 문자의 특징을 받아들인 것으로, 나중에 키릴 문자로 발달한다. 키릴 문자는 글라골 문자보다 간단하고 사용하기 쉬웠을 뿐 아니라 그리스 문자와도 크게 다르지 않아 대부분 지역에서 빠른 속도로 글라골 문자를 대체했다.

이후 서방 교회를 받아들인 발칸 반도 서부의 슬라브, 즉 폴란드, 체코, 슬로바키아 등지에서는 글라골 문자를 사용하고, 동방 정교회를 따르는 발칸 반도 동부의 슬라브, 즉 러시아, 우크라이나, 불가리아 등지에서는 키릴 문자를 사용하게 된다. 12세기 이후 일부 교회 공동체를 제외하고 글라골 문자는 거의 사용되지 않게 되면서, 서방 교회의 영향 아래 있는 지역은 글라골 문자 대신 라틴 문자를 사용하게 되었다. 동쪽의 키릴 문자 지역과 서쪽의 라틴 문자 지역으로 구분된 것이다.

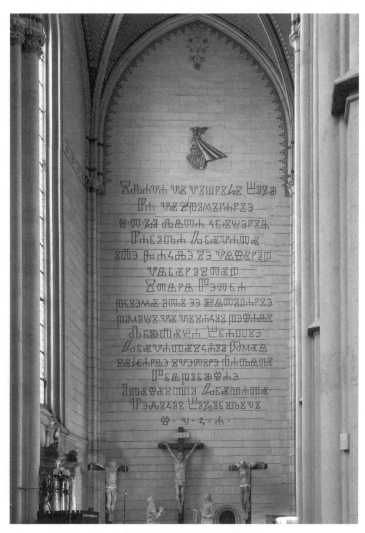

크로아티아 자그레브 대성당의 글라골 문자

문자와 정체성

인도유럽어족의 남슬라브어군에 속하는 세르비아어와 크로아티아어는 굳이 따지자면 방언 차이만 있는 언어들이다. 1850년 합스부르크 왕조의 지배 당시 발칸 반도 동부의 세르비아와 서부의 크로아티아의 학자들은 세르비아어와 크로아티아어를 '세르보크로아티아어'라는 하나의 공통어로 합치기로 결정한다. 그러나 언어는 하나로 통합되었지만 각 지역에서 사용하던 문자는 그대로 유지되어, 하나의 언어에 두 개의 문자가 사용되는 상태가 되었다. 즉, 세르비아 지역에서는 키릴 문자를, 크로아티아 지역에서는 라틴 문자를 사용하는 2문자 사용 지역이 된 것이다.

게다가 세르비아는 동방 정교회를 믿는 지역이고, 크로아티아는 로마 가톨릭을 믿는 지역이다. 따라서 키릴 문자는 종교와 결부되어 세르비아 정체성의 중요한 일부가 되었으며, 글라골 문자를 사용하다가 라틴 문자를 받아들인 크로아티아 역시 종교와 결부되어 독자적인 정체성을 가지고 있다. 문자와 종교가 종족민족주의의 상징이 된 것이다. 1990년대 유고슬라비아가 붕괴되는 과정에서 세르비아와 크로아티아가

흡연의 위험성을 경고하는 안내 문구가 세 개의 언어(크로아티아어, 보스니아어, 세르비아어), 두 개의 문자(라틴 문자, 키릴 문자)로 적혀 있다. 동유럽 발칸 반도의 복잡한 언어, 문자 상황을 보여준다.

다시 분리된 데에는 종교뿐만 아니라 사용하는 문자가 큰 영향을 미쳤다고 할 수 있다.

표 8-5 **지역별 종교와 문자 차이**

지역	종교	문자
세르비아	동방 정교회	키릴 문자
크로아티아	로마 가톨릭	글라골 문자 → 라틴 문자

조지아 문자

세 종류의 글자체가 있는 문자

- **시기** 기원후 5세기~현재
- **지역** 조지아
- **특징** 표음문자-음소문자
- **언어** 남캅카스어족-조지아어

조지아 문자

조지아 문자(Georgian alphabet)는 아시아와 유럽의 길목에 위치
한 조지아에서 사용되는 33개의 음소문자다. 유럽의 여러 문자가
대·소문자 구분을 두고 있지만, 조지아 문자는 대문자를 따로 사
용하지 않는다.

조지아 문자는 기원전 3세기경 고대 조지아 왕국(이베리아 왕국)
을 창건한 파르나바즈 1세(재위 기원전 299~234)가 만들었다는 설

조지아 문자로 쓰인 햄버거 가게 상호

과 기원후 4세기경 선교사 메스로프가 아르메니아 문자를 참고해
만들었다는 설이 있다. 5세기경 최초의 문자 기록이 등장하는데,
일반적으로는 337년 그리스도교를 국교로 받아들이면서 성경을
조지아어로 번역하기 위해 그리스 문자의 영향을 받아 만들어진
것으로 생각된다.

문자의 순서가 그리스 문자의 배열 순서를 따르고 있다는 점은
물론, 조지아어를 표기하는 데에는 불필요한 문자가 그리스 문자
에 대응해야 할 위치에 있는 것 등이 그러한 추정의 근거가 된다.
다만, 글자 모양 자체는 독자적으로 만든 것으로 보이는데, 그리스
문자의 모양과 크게 닮은 점이 없다(글자 모양이 서아시아 지역에서 많
이 사용되던 팔라비 문자와 닮은 점도 있다).

ლ(Ɩ ‿ Ɩლ)에서처럼 '손을 내미는 이모티콘'으로 사용되는 ლ가
조지아 문자다. ლ는 조지아 문자 중 [l] 발음에 대응한다.

표 8-6 조지아 문자의 모음자 5개와 자음자 28개

[a] ა	[ɛ] ე	[i] ი	[o] ო	[u] უ

[b] ბ	[g] გ	[d] დ	[v] ვ	[z] ზ	[tʰ] თ	[k'] კ	[l] ლ	[m] მ	[n] ნ
[p'] პ	[ʒ] ჟ	[r] რ	[s] ს	[t'] ტ	[pʰ] ფ	[kʰ] ქ	[ɣ] ღ	[q] ყ	[ʃ] შ
[ʧʰ] ჩ	[tsʰ] ც	[dz] ძ	[ts'] წ	[ʧ'] ჭ	[x] ხ	[ʤ] ჯ	[h] ჰ		

세 종류의 문자

조지아 문자는 역사적으로 세 가지 형태의 글자체가 있었다. 아솜타브룰리(Asomtavruli)체는 큼직한 모양의 글자로 9세기 무렵까지 사용되었다. 누스후리(Nuskhuri)체는 글자가 작고 좀 더 각진 모양을 띤다. 11세기까지 주로 종교 문헌이나 장식 등에 사용되었다.

이 두 종류의 글자체는 각진 형태로서, 주로 그리스도교 관련 문헌에 사용되었기 때문에 '종교 문자, 교회 문자'라고 불리며 각각 대문자와 소문자처럼 어울려 쓰이기도 했다. 오늘날에도 비공식적이지만 일부 특정한 용도로 사용되고 있다. 예를 들어, 조지아 정교회에서는 시편이나 찬송가 같은 텍스트나 교회에서 사용되는 장식품 등에 새긴 경구, 비석의 문구 등에 이 두 문자체를 쓴다.

표 8-7 세 종류의 조지아 문자(위에서부터 각각 아솜타브룰리체, 누스후리체, 므헤드룰리체)

[b]	[g]	[d]	[v]	[z]	[tʰ]	[k']	[l]	[m]	[n]
Ⴁ	Ⴂ	Ⴃ	Ⴄ	Ⴆ	Ⴇ	Ⴉ	Ⴊ	Ⴋ	Ⴌ
ყ	ჲ	ჳ	ოუ	ზ	თ	კ	ლ	მ	ნ
ბ	გ	დ	ვ	ზ	თ	კ	ლ	მ	ნ

11세기 이래 지금까지 사용되는 조지아의 표준 글자체는 므헤
드룰리(Mkhedruli)체라고 불린다. 현대에서 조지아 문자라고 하면
바로 이 글자체를 가리킨다. 글자 모양은 곡선이 많이 사용되어 미
려(美麗)하게 보인다. 종교 이외의 용도로 많이 쓰였기 때문에 '세
속 문자'라고 불렸다.

세 종류의 조지아 문자(위에서부터 므헤드룰리체, 누스후리체, 아솜타브룰리체).

조지아어

조지아어는 조지아를 중심으로 주변의 러시아, 튀르키예, 이란, 아르메니아 일부 지역에서 사용되는 언어다. 남캅카스어족(South Caucasian languages)에 속하는 언어 중 가장 사용 인구가 많은 언어로서, 어순은 주어-목적어-동사이며 교착어다.

조지아어로 '나는 너를 사랑합니다'를 나타내면 다음과 같다.

표 8-8 **조지아어의 표기**

조지아 문자 표기	მე შენ მიყვარხარ
발음 표기	Me shen miq'varkhar
구조	나+너+사랑한다
뜻	나는 너를 사랑합니다.

조지아

조지아는 1991년 소비에트 연방(구소련)이 붕괴되면서 독립한 국가다. 이전까지는 러시아어 표기인 '그루지야'라는 이름으로 알려졌다. 조지아는 아르메니아, 로마에 이어 세계에서 세 번째로 그리스도교를 받아들인 나라로, 조지아에 전파된 그리스도교를 '조지아 정교회(Georgian Orthodox)'라고 한다.

조지아, 아르메니아, 아제르바이잔을 묶어 '캅카스 3국'이라고

ႨႭႠႬႤႱ ႱႠႾႠႰႤႡႠ

1 დასაწყისში იყო სიტყვა და სიტყვა იყო ღმერთთან, და სიტყვა იყო ღმერთი.
2 ის იყო დასაწყისში ღმერთთან.
3 ყოველივე მის მიერ შეიქმნა და უიმისოდ არაფერი შექმნილა, რაც კი შექმნილა.
4 მასში იყო სიცოცხლე და სიცოცხლე იყო ადამიანთა ნათელი.
5 ნათელი ბნელში ანათებს და ბნელმა ვერ მოიცვა იგი.

იოანე ნათლისმცემლის მოწმობა იესოზე

6 იყო კაცი, მოვლინებული ღვთისაგან; სახელი მისი იყო იოანე.
7 იგი მოვიდა დასამოწმებლად, რათა დაემოწმებინა ნათლის შესახებ, რათა ყველას ერწმუნა მისი მეშვეობით.
8 იგი არ იყო ნათელი, არამედ რათა დაემოწმებინა ნათლის შესახებ.
9 იყო ნათელი ჭეშმარიტი, რომელიც უნათებს სოფლად მომსვლელ ყოველ ადამიანს.
10 იყო სოფელში და სოფელი მის მიერ შეიქმნა, და სოფელმა ვერ იცნო იგი.
11 თავისიანებთან მოვიდა და თავისიანებმა არ მიიღეს იგი.
12 ხოლო ვინც მიიღო იგი და ირწმუნა მისი სახელი, მისცა მათ ხელმწიფება ღვთის შვილებად გახდომისა.
13 ისინი იშვნენ არა სისხლისაგან, არა ხორცის ნდომისაგან, არა მამაკაცის ნდომისაგან, არამედ ღვთისაგან.
14 სიტყვა ხორცი იქმნა და დაემკვიდრა ჩვენს შორის, მადლითა და ჭეშმარიტებით აღსავსე. და ჩვენ ვიხილეთ მისი დიდება, როგორც დიდება მამისაგან მხოლოდშობილისა.

조지아 문자로 쓰인 성경

부른다. 캅카스는 유럽 동쪽과 아시아 서쪽 경계에 위치하여 남 북으로 이란, 튀르키예, 러시아 등과 국경을 마주하고 있으며, 흑 해와 카스피 해 사이에 위치한 산맥들과 지역을 통칭하는 말이다. 예전에는 '코카서스(Caucasus)'라고 했는데, 이는 캅카스의 영어식 명칭이다.

이 지역은 옛날부터 실크로드의 중심지로, 동서의 교차점에 있 는 문명 교류의 통로였기에 끊임없이 주변국의 침략을 받으며 부

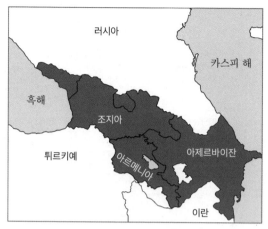

조지아와 주변 국가

서지고 일어서는 과정을 반복해야만 했다. 로마, 페르시아, 비잔티움, 오스만 튀르크, 몽골, 러시아 제국, 소비에트 연방 등 많은 나라가 이들 국가를 침략해 직간접적으로 지배했다. 또한 종교적으로도 그리스도교, 조로아스터교, 이슬람교의 역사를 함께했다. 특히 이 지역은 근대에 들어 러시아 문화의 영향을 강하게 받았다.

그리스 신화에서 최초로 인간을 창조한 신 프로메테우스가 인간에게 불을 훔쳐다 주었다는 죄로 제우스의 노여움을 사 묶여 있던 곳도 캅카스의 바위산이었다. 소비에트 연방의 공산당 서기장으로 1924년부터 약 30년간 국가 원수였던 스탈린이 조지아 출신이다. 구소련 시절 대중에 널리 알려진 곡 〈백만 송이 장미〉의 가사는 조지아의 화가가 프랑스 출신 여배우와 사랑에 빠졌던 일화를 바탕으로 쓰인 것이다.

9장

한자계 문자들

거란 문자

한자를 바탕으로 새로 만든 문자

- **시기** 920년~1191년
- **지역** 중국 북부
- **특징** 거란대자: 표의문자-단어문자
  거란소자: 표의문자-단어문자 / 표음문자-음절문자, 음소문자
- **언어** 알타이어족-몽골어파-거란어

거란대자

거란 문자(Khitan scripts)에는 이른바 거란대자와 거란소자 두 종류가 있다.

거란대자는 거란 민족이 중국 북부와 몽골 지역에 세운 요나라 (916~1125)에서 사용된 문자로서, 태조 야율아보기(耶律阿保機)가 중국 문화에 대응해 자국어 및 자국 고유 문자에 대한 민족적 자각에 바탕을 두고 기원후 920년에 만들어 공포한 문자다. 나중에

만들어진 또 다른 거란 문자와 구별하기 위해 '거란대자'라고 부른다.

거란대자는 한자 계통의 단어문자다. 한자를 그대로 가져오거나 한자의 일부 모양을 따온 것이 있으며, 한자와 관련이 없이 비슷하게 만들어진 글자도 있다. 지금까지 이체자(異體字)를 포함해 1,600~1,700자 정도가 알려져 있는데, 그중 제대로 읽을 수 있는 글자는 200여 자에 불과하다.

표 9-1 **거란대자와 관련 한자**

거란 문자	한자	뜻
月	月	달, 월
日	日	날, 일
高	高	높다
馬	馬	말
皿	西	서쪽
女	女	여자
夭	大	크다
奀	天	하늘
兀	犬	개
羌	鷄	닭
來	年	해, 년

거란대자가 쉽게 해독되지 않는 이유는 현재 남아 있는 대부분

9장 | 한자계 문자들

의 자료가 각종 비문이나 요나라 황실 기록 등 일부 한정된 분야의 것이기 때문이다. 게다가 요나라 관료와 문인들은 대부분 한자에 관한 지식도 가지고 있어서, 극히 제한적으로만 거란 문자를 사용했기 때문이기도 하다.

거란소자

거란어는 알타이어에 속하는 교착어이므로, 조사와 어미 등 접사가 발달했을뿐더러 여러 음절로 이루어진 단어가 많아서 단어 문자로 표기하기가 매우 불편하다. 이 때문에 거란대자가 만들어진 후 5년 뒤인 925년에 요나라 태조의 동생 야율질라(耶律迭剌)가 또 다른 거란 문자를 만드는데, 이를 '거란소자'라고 부른다.

표 9-2 거란대자와 거란소자의 수사

	1	2	3	4	5	6	7	8	9	10
대자	一	二	三	卅	五	來	岕	夰	夵	十
소자	乇	圣	包	屯	乇	灰	屍	巠	夵	乇

거란소자는 표음문자인 위구르 문자를 참고해 만들었기 때문에 음절문자 및 음소문자의 특징을 모두 가지고 있다. 거란'소자'라는 이름도 '대자'가 표상하는 단어보다 더 작은 단위인 음절 및

음소를 적는다고 해서 붙여진 이름이다. 거란소자는 거란대자와 함께 사용되었지만, 점차로 거란소자의 사용이 늘어나게 되었다. 현존하는 거란 문자 자료는 거란소자가 거란대자의 세 배 정도에 이른다.

거란 문자는 1125년 요나라가 멸망한 이후에도 계속 사용되다가, 요의 뒤를 이은 금이 1191년에 사용 금지령을 내림으로써 폐지되었다. 부분적으로 여진 문자에 영향을 주었다.

거란소자의 원리

거란소자는 한 글자에서 일곱 개까지 낱자를 조합해서 하나의

표 9-3 거란소자의 낱자 조합 방식

의미 단위를 가진 글자를 만든다. 이때 하나의 글자를 이루는 개별 낱자들을 원자(原字)라고 하며, 현재 모두 370여 개의 원자가 밝혀졌다.

낱자를 조합한 글자는 제한된 공간에 쓰고 읽기 어려워서 편의상 풀어쓰기를 하기도 한다. 이를테면 𡨸를 公乃夾와 같이 쓰는 것이다. 1개의 낱자로 구성된 거란소자는 단어문자로 기능하지만, 일반적으로는 2개 이상이 결합한 경우 개개의 낱자는 음절문자 또는 음소문자의 역할을 하게 된다.

표 9-4 거란소자의 예

거란소자	발음	의미
尖	—	하늘
天	nair	날
北	po	시간
几又	gi-m	금
伏为	no-qa	개
毛页为	tau-l-a	토끼
万北全	j-ur-s	밝다
令仕穴北	t-um-wəl	항상

거란 문자 자료

거란 문자는 오랫동안 잊
힌 문자였지만, 1922년에 요
나라 제6대 임금인 영경릉
(永慶陵)에서 두 종류의 '애
책'이 발견되면서 세상에 알
려지게 되었다. 애책(哀册)이
란 제왕이나 왕비의 죽음을
애도하여 지은 글을 말한다.

거란소자가 새겨진 애책문 덮개

한국의 거란 문자 자료

국립중앙박물관에는 거란소자가 새겨진 청동거울이 소장되어
있다. 이 거울은 고려가 거란과 교류할 때 들어온 것으로 보인다.

국립중앙박물관의 거란소자 자료

9장 | 한자계 문자들

서하 문자

의미 자질에 바탕을 둔 문자

- **시기** 1036년~16세기 초
- **지역** 중국 북서부(현재 중국 네이멍구 자치구, 닝샤 후이족 자치구, 간쑤성, 산시성 일대)
- **특징** 표의문자-단어문자
- **언어** 중국티베트어족-티베트미얀마어파-서하어

서하 문자

서하 문자(西夏文字, Xixia script)는 한자 자형에 바탕을 둔 한자계 문자로서, 서하(西夏)를 탕구트라고 불렀기에 탕구트 문자(Tangut script)라고도 한다. 모두 6,000여 개의 글자가 있으며, 소수의 추상 화된 단일자들이 결합해 합체자를 이루는 형태의 단어문자다. 합 체자는 획수가 많고 매우 복잡한 자형을 갖는다.

서하 문자는 1036년 서하 왕국의 국가 문자[國字]로 공포되어 이후 약 200여 년간 사용되었으며, 13세기 초 서하가 몽골에게 멸망당한 이후에도 원나라를 거쳐 명나라 중기까지 일부 사용되었던 것으로 보인다.

서하인들은 원래 자신들의 문자가 없었지만, 한족과 교류하면서 한자를 사용할 줄 알게 되었다. 서하 황제 경종 이원호(李元昊, 재위 1032~1048)는 한문과 한자에 능통했는데, 민족의식을 고취하기 위해 대신 야리인영(野利仁榮)을 시켜 서하 문자를 창제했다. 서하의 관리들은 일반적으로 서하 문자와 한자에 모두 통달했다고 한다.

서하 문자는 요나라의 거란 문자, 금나라의 여진 문자와 함께 한자의 영향을 받아 성립된 문자로 분류되는데, 같은 한자계 문자인 여진 문자라는 오해를 받기도 했다. 서하 문자는 오랫동안 해독되지 못하다가, 러시아(구소련)와 일본 학자들의 노력으로 1960년대에 해독이 이루어졌다.

서하 문자로 쓰인 불경

서하 문자의 예

서하 문자는 기본적으로 의미에 바탕을 둔 표의문자이며, 하나의 글자가 대개 한 단어 또는 한 형태소를 나타내는 단어문자다.

표 9-5 서하 문자의 예

서하 문자	𗰜	𗣼	𗷾	𗢳	𗣀
뜻	별	사랑	호랑이	머리	먹다
발음	[se]	[dzu]	[dzy]	[ghu]	[lo]

또한 단일자들의 의미가 결합해 하나의 새로운 글자를 이룬다는 점에서 한자의 회의(會意)와 유사한 원리로 만들어졌다.

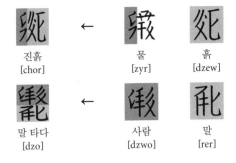

진흙　　←　　물　　　흙
[chor]　　　[zyr]　　[dzew]

말 타다　←　　사람　　말
[dzo]　　　[dzwo]　　[rer]

따라서 의미적으로 관련이 있는 단어는 시각적으로 유사한 모양을 띠고 있어서, 의미 자질에 바탕을 둔 문자라고 불러도 좋을 정도다. 다음 글자들을 보면 비슷한 의미를 가진 글자들에는 동일한 요소가 포함되어 있다.

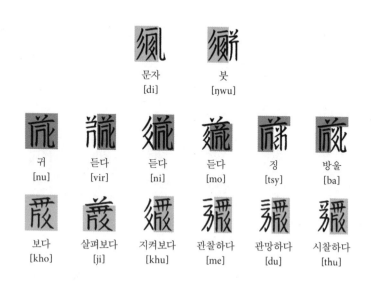

문자 [di]	붓 [ŋwu]

귀 [nu]	듣다 [vir]	듣다 [ni]	듣다 [mo]	징 [tsy]	방울 [ba]
보다 [kho]	살펴보다 [ji]	지켜보다 [khu]	관찰하다 [me]	관망하다 [du]	시찰하다 [thu]

다만, 문자를 이루는 개별 요소가 나타내는 의미는 아직 모두 해명되지 않았다. 글자 전체의 의미는 알게 되었더라도, 왜 그 요소를 사용하고 있는지는 명확하게 알 수 없는 문자 또한 많다. 다음 예에서는 위에 살펴본 '보다'라는 의미의 글자들이 공유하는 요소가 포함되어 있지만, '가을'과 '밝다'를 나타내는 글자의 의미에 '보다'라는 의미가 반드시 정확하게 대응되는 것은 아니다.

가을 [tsy]	밝다 [bi]

서하 문자의 자료

서하는 번자원(蕃字院)과 한자원(漢字院)이라는 국가 기구를 만들어 서하 문자를 널리 보급했으며, 서하 문자를 사용한 책을 펴내고 이를 '국서/번서(國書/蕃書)'라고 했다. 또한 한어나 티베트어로 된 불경과 전적,《논어》,《맹자》,《손자병법》등 많은 중국 고전을 서하 문자를 사용해 활발하게 번역했다. 현재 남아 있는 자료 중 90퍼센트 이상은 불경이다. 불경은 한어나 티베트어에서 번역한 것 외에도 서하의 독자적인 것들이 있다.

게다가 티베트어 원전은 소실되었지만, 서하 문자 불경은 남아 있는 것도 있어 가치가 높은 자료도 적지 않다.

이외에도 공문서나 각종 계약 문서, 법률·역사·문학·의학·운서(韻書) 등의 서적, 비문이나 도장·호패·구리 거울을 비롯한 일용품에도 서하 문자가 널리 사용되었다. 이런 까닭에 서하 문자는 다른 한자계 문자에 비해 현존 자료가 많이 있으며, 해독 작업도 앞서 있는 편이다.

오른쪽 사진은 12세기에 간행된 《반한합시장중주(番漢合時掌中珠)》라

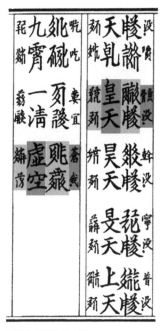

《반한합시장중주》일부

고 하는 서하어·한어 대역어휘집으로, 서하인과 중국인이 서로의 언어를 배울 수 있도록 만든 책이다. 이 어휘집은 세로 네 열로 구성되어 있는데, 오른쪽부터 2열과 4열은 서하 문자(열은 음영으로 표시)로, 1열과 3열은 한자(짙은 음영으로 표시)로 기록되어 있다. 가운데 2열과 3열은 각각 서하어와 대역 한어(중국어)가 큰 글자로 제시되어 있으며, 2열의 오른쪽 1열은 서하어의 발음을 한자로 기록했고, 3열의 왼쪽 4열에는 한어의 발음을 서하 문자로 기록했다.

예를 들어, 두 번째 단어 '𗗿𗷝'는 한어 '皇天'과 같은 의미의 단어이고, 그 발음을 그 오른쪽에 한자[鰝沒]로 표기했다. 한편 '皇天'의 서하어 발음은 그 왼쪽에 서하 문자로 나타냈다. 마찬가지로, 맨 마지막 단어 '𗹦𗾞'는 한어 '虛空'과 같은 의미의 단어이며, 발음을 그 오른쪽에 한자[蒼我]로 표기하고 '虛空'의 서하어 발음은 그 왼쪽에 서하 문자로 나타냈다. 이 대역어휘집을 통해 서하 문자의 발음과 의미를 파악할 수 있어, 서하어 및 서하 문자 연구에 매우 중요한 자료다.

서하어와 서하 문자는 물론, 서하라는 나라에 관해서도 20세기가 시작될 때까지는 별로 알려지지 않았다. 그러다가 1908년 러시아 탐험대가 고비 사막의 폐허가 된 고대 도시 카라호토(黑水城)의 유적에서 수많은 서하 문헌을 발견하면서 연구가 비약적으로 진전되었다. 현재 상트페테르부르크 러시아과학아카데미 동양연구소와 영국도서관에 많은 자료가 소장되어 있다.

서하어

  서하어는 중국티베트어족의 티베트미얀마어파에 속하는 언어
로서, 중국어와 마찬가지로 단음절 성조를 가진 고립어다. 인접
해 있던 거란과 여진의 언어가 교착어로서 알타이어에 속하는 것
과 대조적이다. 서하어는 현재 사용자가 남아 있지 않은 절멸된 언
어다.

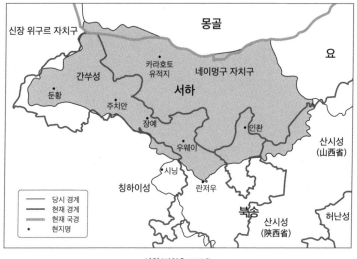

서하(기원후 1111년)

서하 왕국

  서하(西夏)는 1038년 건국하여 중국 북서부의 네이멍구 자치구,

닝샤(寧夏) 후이족 자치구, 간쑤성(甘肅省), 산시성(陝西省)에 위치
했던 티베트계 유목민족인 탕구트족의 왕조다. 본래 이름은 대하
(大夏)이지만, 중국 고대 왕조인 하(夏)나라와 구분하기 위해 서하
라고 불렀다. 서하는 동서 교역의 중심지로서 유목과 농경이 결합
된 문화를 바탕으로 불교를 국교로 받아들이고 중국 유교 문화와
탕구트 고유 문화를 융합해 수준 높은 문화가 발달했다. 서하는
1207년 몽골에 복속된 후 1227년 몽골 칭기스 칸의 공격을 받아
멸망했다.

9장 ㅣ 한자계 문자들

여진 문자

청나라의 선조들이 사용한 문자

- **시기** 1119년~16세기
- **지역** 중국 동북 지역
- **특징** 표의문자-단어문자(일부 표음문자-음절문자)
- **언어** 알타이어족-만주퉁구스어파-여진어

여진 문자

여진 문자(Jurchen spript, 女眞文字)는 금나라(1115~1234)에서 사용하던 문자다. 금나라 태조 아골타(阿骨打, 재위 1115~1123)가 완안희윤(完顔希尹)에게 여진어를 표기하는 문자를 만들도록 하여 1119년 한자 모양을 본뜨고 거란 문자를 참조하여 만들었다. 이로부터 약 20년 후 3대 희종(재위 1135~1148) 때 또 다른 문자를 만들어, 두 번에 걸쳐 창제되었다. 여진 문자는 금나라가 멸망할 때까지 120년 가까이 공식적이고 전면적으로 사용되었고, 금나라 멸망 이후 원나라와 명나라 시대에도 중국 동북 지역에서 여진인들이 16세기까지 약 200년에 걸쳐 사용했다.

여진대자와 여진소자

현재까지 알려진 여진 문자의 총수는 1,400자 정도로, 아직 모든 글자가 정확히 해독된 것은 아니다. 첫 번째 만들어진 여진 문자를 여진대자, 그 이후에 만들어진 여진 문자를 여진소자라고 부르는 것으로 기록에 나오기는 하지만, 현재까지 대자와 소자의 본질은 정확하게 밝혀지지 않았다. 심지어는 우리가 알고 있는 여진 문자가 여진대자인지 아니면 여진소자인지에 관해서도 아직 완전히 결론이 나지 않았다.

표 9-6 여진 문자의 예

여진 문자	旵	月	天	壬	舍	余
한자	日	月	天	生	金	未
여진 문자	齐	癶	攼	夼	写	禾
한자	年	枝	虎	身	蒙	太
여진 문자	呰	央	空	件	奋	尢
한자	地	福	夜	人	母	父

9장 | 한자계 문자들

여진 문자는 한자의 해서체(楷書體)에 점이나 획을 더하고 빼거나 모양을 변형해서 만들었다. 이렇게 만들어진 문자 중에는 표의 기능을 하는 문자와 표음 기능을 하는 문자가 있어 이를 각각 대자와 소자로 나누어 보기도 하지만, 대자와 소자가 모아쓰기 방식과 관련이 있을 것으로 추정하는 의견도 있다.

여진관역어

여진 문자 자료는 많지는 않지만, 명나라 때 편찬된 여진어와 한어(漢語)의 대역단어집인《여진관역어(女眞館譯語)》를 비롯해 여러 비문류와 구리거울에 새겨진 문자 등이 남아 있다.

특히《여진관역어》는 여진 문자 연구의 가장 기본적인 자료다. 이 책은 외국어로 된 문서를 번역하고 외국 사신을 접대하는 통역관을 교육하기 위해 중국에서 편찬한《화이역어(華夷譯語)》중의 한 권으로, 한어와 인근 여러 국가의 기초 생활 어휘를 나란히 대역한 어휘집이다(참고로 한국어에 관해서는《조선관역어(朝鮮館驛

《여진관역어》

語)》라는 문헌이 따로 마련되어 있다).

《여진관역어》는 한자로 여진어 발음을 표기하고, 이에 해당하는 여진어를 왼쪽에 여진 문자로 쓴 후, 다시 그 왼쪽에 한자로 그 의미를 밝혀놓은 것이다.

《여진관역어》그림(앞쪽)에서 본문 첫 행 첫 번째와 네 번째 단어로 예를 들면 〈표 9-7〉과 같다. 여진어 발음을 적은 한자와 만주어 문어(각각 abka, edun)를 비교해보면 음상(音像)이 유사하다는 것을 알 수 있다.

표 9-7 여진어 표기와 발음

여진어 의미	여진어 표기	여진어 발음
한자	여진 문자	한자
天	禾戈	阿卜哈以
風	吊土	厄都溫

여진 문자와 거란대자

여진 문자의 자형은 한자는 물론 거란대자와 관련이 있는 것으로 보이지만, 아직 연구가 초보적인 단계에 머물고 있다. 편의상 한

9장 | 한자계 문자들

자계 문자들의 수사를 모아보면 다음과 같다.

표 9-8 한자계 문자들의 수사 비교

한자	一	二	三	四	五	六	七	八	九	十
서하문자	𗍑	𗼃	𘓓	𗥃	𗏁	𗤁	𗒹	𘉋	𗢭	𗰗
거란문자	亍	圣	乜	电	盂	厷	尸	亚	禾	乇
여진문자	ㄴ	ㄷ	斗	牛	赴	ㅏ	厸	兂	九	十

여진인

여진인은 퉁구스계 민족으로, 12세기 이전부터 중국 동북 지역에 살다가 11세기 후반 하얼빈 근처에 근거를 두고 있던 완안씨가 모든 부족을 군사조직으로 편성하고 1115년 거란을 포함한 중국 북부의 대부분을 정복하고 금나라를 세웠다. 1234년에 원나라에게 멸망당한 후 이른바 백산흑수(白山黑水), 즉 백두산(白頭山)과 헤이룽 강(黑龍江) 사이의 넓은 지역에서 무리를 지어 살았다. 명나라 말기에는 해서(海西), 건주(建州), 야인(野人)의 세 부족으로 나뉘어 명나라의 간접 통치를 받았다. 16세기 말엽 건주여진의 우두머리였던 누르하치를 중심으로 발흥하여 주위의 여진 부족을 통합하고 1616년에는 금나라의 후신을 표방하는 후금(後金)을 세운 후에도 여진이라는 명칭은 계속 사용되었다. 여진인은 17세기에 중국 전역을 정복하고 청나라(1680~1911)를 건설하면서 만주인으로 알려지게 되었다.

여진어와 만주어

여진어는 여진이 활동했던 12세기부터 16세기까지 기록된 자

표 9-9 **여진어와 만주어의 예**

여진어	[현대 중국음]	만주어 문어	뜻
阿卜哈以	a-bu-ha-yi	abka	하늘
阿渾溫	a-hun-wen	ahu'n	형
兀也溫	wu-ye-wen	uyun	아홉
岸荅海	an-da-hai	antaha	손님
撒剌大	sa-ci-da	sakda	늙은
撒合良	sa-he-liyang	sahaliyan	검은
兀住	wu-zhu	uju	머리
忽秃兒	hu-tu-er	hu'turi	행복
岸春溫	an-chun-wen	ancun	금
古里昧	gu-li-mei	gurimbi	옮기다
約約昧	yue-yue-mei	yuyumbi	배고프다
背也昧	bei-ye-mei	buyembi	사랑하다
一十埋	yi-shi-mai	isimbi	도착하다

9장 | 한자계 문자들

료에 나타난다. 여진어와 만주어를 비교해보면 많은 부분 닮아 있어서 여진어를 만주어의 직전 선대(先代) 언어라고 보아도 좋다. 16세기 후반 시작한 만주어를 좁은 의미의 만주어라고 한다면, 여진어를 포함해 만주 지역에서 사용된 것으로 보이는 이전 언어들을 넓은 의미의 만주어라고 부를 수도 있을 것이다.

여진어와 만주어 중 닮은 단어들을 비교해보면 〈표 9-9〉와 같다. 한자로 기록된 여진어의 당시 발음 대신 편의상 현대 중국음으로 기록해 넣었지만, 이 음과 만주어 음을 비교해봐도, 여진어와 만주어는 같은 계통의 언어였음을 쉽게 알 수 있다. 아마 방언적 차이를 가지고 있었을 것이다.

조선왕조실록의 여진어

여진어는 조선왕조실록에도 기록되어 있다. 그중 몇 가지만 살펴보면 다음과 같다.

女眞謂民爲逸彦[여진에서는 백성을 '일언'이라 한다.]

— 태조 권1 총서

野人謂牛爲伊板[야인들이 소를 '이판'이라고 이른다.]

— 세종 권155 지리지

羅端, 胡言七數['나단'은 호언胡言으로 일곱의 뜻이다.]

— 세종 권155 지리지

惡呼, 胡語言無也['악호'는 호어胡語로 없다고 말함이다.]

— 성종 22년 9월 4일

　여기에서 언급된 '일언, 이판, 나단, 악호'는 각각 만주어 irgen(백성), ihan(소), nadan(일곱), aku'(없다)에 대응되는 말로서, 역시 여진어와 만주어가 같은 계통의 언어임을 보여주는 근거다.

그림·표 출처

| 그림 출처 |

19쪽(왼쪽)   http://blogs.glnd.k12.va.us/teachers/nlewis/2011/08/

19쪽(오른쪽)   http://www.designmylife.org/?p=1148

20쪽   http://www.hu.mtu.edu/~scmarkve/2910Su11/WrSys/evolofcuneiform
3100-600BC.htm

24쪽(왼쪽)   http://blogs.dalton.org/fedonchik/2011/01/13/code-of-hammurabi/

24쪽(오른쪽)   Amenmeryt - Akkadien en ériture cunéforme

26쪽   http://ancientneareast.tripod.com/Behistun_Bisitun.html

30쪽   Hans Hillewaert(WIKIMEDIA COMMONS)

35쪽   Parkinson, *Cracking Codes: The Rosetta Stone and Decipherment*,
University of California Press, 1999, p. 26

36쪽(위)   http://traveltoeat.com/wp-content/uploads/2012/10/wpid-Photo-
Oct-21-2012-127-PM.jpg

42쪽(위)   Allen, *Middle Egyptian*, Cambridge University Press, 2010, p. 6

42쪽(아래)   http://oneclimbs.com/wp-content/uploads/2014/03/literary-
demotic-600x96.png

43쪽   http://ko.wikipedia.org/wiki/%EC%82%AC%EC%9E%90%EC%9D
%98_%EC%84%9C#/media/File:BD_Hunefer.jpg

47쪽   http://www.flavinscorner.com/passingtexts.htm

48쪽   http://i.huffpost.com/gadgets/slideshows/258363/slide_258363_
1668271_free.jpg

50쪽   Photo RMN, Paris - GNC media, Seoul

52쪽	http://www.ancientscripts.com/elamite.html
53쪽	http://www.cais-soas.com/CAIS/virtual_museum/achaemenid/Sites/bistun.htm
55쪽	http://www.flavinscorner.com
61쪽	https://www.harappa.com/seal/1.html
63쪽(왼쪽)	Gary Todd(WIKIMEDIA COMMONS)
63쪽(가운데)	http://amazingancient.com/indus-valley-civilization/
63쪽(오른쪽)	https://sites.google.com/site/indusharappacivilization/4-indus-animals/elephant
77쪽	http://proteus.brown.edu/greekpast/468
78쪽	Evans, *The Palace of Minos*, volume IV, Alpha Editions, 2019, p. 703
82쪽	https://drdudsdicta.files.wordpress.com/2014/09/linearb2.jpg
83쪽	http://digilander.libero.it/marcoguidocorsini/The%20Phaistos%20Disc.htm
88쪽	http://euler.slu.edu/Dept/Faculty/bart/abimages/kadesh.jpg
91쪽	Deutscher, *The Unfolding Of Language*, Metropolitan Books, 2005, p. 108
94쪽	http://titus.fkidg1.uni-frankfurt.de/didact/idg/anat/hethbs.htm
100쪽	http://www.hittitemonuments.com
109쪽	http://www.flavinscorner.com/serabit.JPG
110쪽	http://bible.archeologie.free.fr/inscriptionsdesert.html
114쪽(위)	http://www.usc.edu/dept/LAS/wsrp/information/wadi_el_hol
114쪽(아래)	Drawing by Marilyn Lundberg, West Semitic Research(WIKIMEDIA COMMONS)
120쪽	http://ilovetypography.com/2010/08/07/where-does-the-alphabet-come-from
121쪽	http://www.danstopicals.com/phoenician2.htm
122쪽	https://en.wikipedia.org/wiki/Phoenician_alphabet
130쪽	'The Ten Commandments' trailer
132쪽	http://www.ancientscripts.com/byblos.html
140쪽	yoav dothan(WIKIMEDIA COMMONS)
141쪽	Photographer unknown(WIKIMEDIA COMMONS)

142쪽   https://www.usc.edu/dept/LAS/wsrp/educational_site/ancient_texts/
         kilamuwa.shtml

149쪽   http://www.ibnibnbattuta.com/2010/02/amharic-language-apart-
         from-land-apart.html

152쪽   http://www.pbase.com/image/108920502

153쪽   http://3.bp.blogspot.com/-FkZ8N-PeTto/U9A0f49tkUI/
         AAAAAAAADBI/kSYDT0z_BGI/s1600/DSC03421.JPG

155쪽   http://www.let.leidenuniv.nl/talengids/english/index.
         htmvar1=http://www.let.leidenuniv.nl/talengids/english/sabees.htm

158쪽(위)   http://www.taneter.org/writing.html

158쪽(아래) http://www.omniglot.com/writing/meroitic.htm

160쪽   DrFO.Jr.Tn(WIKIMEDIA COMMONS)

162쪽 ①   http://www.livius.org/pictures/tunisia/carthage/carthage-funerary-
         stele/

162쪽 ②   http://www.colorado.edu/classics/clas1061/Text/RFHO5.htm

162쪽 ③   https://leslievella.wordpress.com/2013/11/

164쪽 ①   http://www.livius.org/le-lh/lepcis_magna/colstreet.html

164쪽 ②   http://www.punic.co.uk/

164쪽 ③   http://romeartlover.tripod.com/Leptis2.html

167쪽   Daniels & William Bright(co-ed), *The World's Writing Systems*,
         Oxford University Press, 1996

168쪽   http://www.contestania.com/Escritura.html

171쪽   http://afriques.revues.org/1203

175쪽   https://en.wikipedia.org/wiki/History_of_early_Tunisia

177쪽(왼쪽)   http://www.al-fanarmedia.org/2015/07/in-algeria-the-berber-
         language-cant-get-an-educational-foothold/#!prettyPhoto

177쪽(오른쪽) http://villagekabyle.com/wp-content/uploads/2014/03/coca-cola-
         en-Tifinagh.jpg

180쪽(왼쪽)   http://image.slidesharecdn.com/thenewtestamentbibleintarifitrifb
         erberintifinaghscript-121017111740-phpapp02/95/the-new-354
         testament-bible-in-tarifit-rifberber-in-tifinagh-script-5-638.

jpgcb=1350474027

180쪽(오른쪽) http://www.quizz.biz/quizz-736171.html

182쪽 https://c.pxhere.com/images/de/9b/e94278b144594e72e0267fc
ac441-1589231.jpg!d" srcset="https://c.pxhere.com/images/de/9b/e9
4278b144594e72e0267fcac441-1589231.jpg

190쪽 http://abecedaria.blogspot.kr/2005/11/inside-malcuno-zcuro.html

192쪽 http://www.schoyencollection.com/bible-collection-foreword/other-
bible-translation/syriac-bible/syriac-bible-romans-ms-2530

196쪽 http://www.nativlang.com/aramaic-language/

197쪽 https://www.wikiwand.com/en/Church_of_the_East

1980쪽 https://www.wdl.org/zh/item/3047/

208쪽 http://idp.bl.uk/database/oo_scroll_h.a4duid=24143703911;recnum=
12633;index=1

209쪽 http://turfan.bbaw.de/dta/so/images/so10100g2_recto.jpg

213쪽(왼쪽) http://www.showchina.org/rwzgxl/zgww/yxds/200701/t106069.htm

213쪽(오른쪽) http://m.91ddcc.com/t/62648

215쪽(위) http://www.orientarch.uni-halle.de/ca/afras/text/wrec_m.htm

215쪽(아래) http://www.korea.net/NewsFocus/Culture/viewarticleId=124170

216쪽(왼쪽) http://www.cha.go.kr

218쪽 http://turfan.bbaw.de/bilder/u3832max.jpg

220쪽 한국학중앙연구원

230쪽 Unknown author(WIKIMEDIA COMMONS)

240쪽 ampersandyslexia(WIKIMEDIA COMMONS)

242쪽 《월인석보(月印釋譜)》 권2, 68쪽

255쪽 http://www.bbc.com/news/world-asia-india-29914208

257쪽 BernardM(WIKIMEDIA COMMONS)

269쪽(왼쪽) https://blogs.loc.gov/international-collections/2018/11/highlights-
of-tibetan-rare-book-collection/

269쪽(오른쪽) Bosyantek(WIKIMEDIA COMMONS)

270쪽 http://www.songgwangsa.org

279쪽(왼쪽) http://www.jaguarstones.com/maya/glyphs.html

2802쪽   https://www.wikiwand.com/en/Vigesimal

283쪽(위)   Unknown author(WIKIMEDIA COMMONS)

283쪽(아래)   https://www.latinamericanstudies.org/maya/complete-madrid-
           codex.jpg

287쪽   http://blogs.library.duke.edu/rubenstein/2016/05/04/cherokee-
           phoenix-rises-top-catalogers-consciousness/

292쪽(왼쪽)   http://www.denverpost.com/2010/12/25/apple-cherokee-partner-
           to-put-language-on-iphones

292쪽(오른쪽) http://seekingpathsinnature.org/2014/08/26/cherokee-middle-
           school

293쪽   Carol Highsmith(WIKIMEDIA COMMONS)

296쪽   GFDL(WIKIMEDIA COMMONS)

297쪽   https://www.yumpu.com/it/document/read/7402881/cree-west-
           bible-genesis-1pdf-gospelgo

306쪽   Viëor, Wilhelm(WIKIMEDIA COMMONS)

313쪽   Roberta F.(WIKIMEDIA COMMONS)

315쪽(위)   http://www.croatianhistory.net/glagoljica/slike/reimsgl24.jpg

317쪽   Isiwal(WIKIMEDIA COMMONS)

318쪽   https://www.economist.com/the-economist-explains/2017/04/10/
           is-serbo-croatian-a-language

321쪽   https://www.reddit.com/r/europe/comments/8czyi0

323쪽   https://georgianjournal.ge/culture/35728-georgian-bible-
           discovered-in-dagestan.html

325쪽   http://worldbibles.org/language_detail/eng/kat/Georgian

336쪽   https://scriptsource.org/cms/scripts/page.phpitem_id=entry_
           detail&uid=au9dpfma67

| 표 출처 |

표 1-1   http://www.acsu.buffalo.edu/~kecangia/adab_files/cuneiform%20
           evolution2.png

図 1-2   https://rumneymarshart.weebly.com/ancient-egypt.html

図 1-3   Fischer, *A History of Writing*, Reaktion Books, 2004, p. 48

図 1-4   http://41.media.tumblr.com/14d3e3f7616e24a2adb82584eda30af3/
             tumblr_ngk49enePn1sia7spo3_1280.jpg

図 1-5   http://aleph2at.free.fr/index.phpart=1373

図 1-6   http://aleph2at.free.fr/index.phpart=756

図 2-2   http://www.omniglot.com/writing/protosinaitc.htm

연규동 교수 논저 일람

|저서|

1998 《통일시대의 한글 맞춤법》, 박이정.

 《한청문감 「한어·청어색인」》(공저), 연세대학교 국학연구원.

1999 《해외동포를 위한 한국어 교재(하)》, 한국방송통신대학교 출판부.

 《서울대인의 언어》, 대학사.

2000 《정조대의 한글문헌》(공저), 태학사.

2003 《인문학을 위한 컴퓨터》(공저), 태학사.

2011 *A Description of Najkhin Nanai*(공저), SNU press.

 《문자의 원리》 (번역서), 연세대학교 대학출판문화원.

2013 《문자개념 다시 보기》(공저), 연세대학교 대학출판문화원.

2014 《남과 북의 맞춤법》(공저), 커뮤니케이션북스.

 《동서양 문자의 성립과 규범화》(공저), 한국문화사.

2015 《문자의 발달》(공저), 커뮤니케이션북스.

2016 《10대에게 권하는 문자 이야기: 문자는 세상과 나를 이해하는 열쇠이다》(공저), 글담출판.

 《세계인이 바라보는 한글》(공저), 한국문화사.

 《세계의 언어사전》(공저), 한국문화사.

 《문자와 권력: 동서양 공동체의 문자정책과 젠더 정체성》(공저), 한국문화사.

 《말한다는 것: 연규동 선생님의 언어와 소통 이야기》, 너머학교.

 《문자의 언어학》 (번역서), 연세대학교 대학출판문화원.

 《각필의 문화사: 보이지 않는 문자를 읽다》(공저), 한국문화사.

| 논문 |

1987   〈방언집석〉의 우리말 풀이 연구, 서울대학교 언어학과 문학석사학위 논문.

1991   중세어 어미의 형태분석에 대하여,《언어연구》3: 37-46, 서울대학교 언어
학과 언어연구회.

1993   용비어천가의 한자어에 대하여,《언어학》15: 241-251, 한국언어학회.

1994   만주어의 계량언어학적 연구―한청문감을 중심으로,《알타이학보》4: 67-
96, 한국알타이학회.

1995   近代韓國語の漢語について, 동경외국어대학 연구생 논문.

동문유해와 몽어유해의 비교 ―표제어를 중심으로,《언어학》17: 183-
202, 한국언어학회.

역어유해 현존본에 대한 일고찰,《국어학》26: 293-316, 국어학회.

1996   근대국어 어휘집 연구―유해류 역학서를 중심으로, 서울대학교 언어학과
문학박사학위 논문.

1997   한자 특수 자형 연구―유해류 역학서를 중심으로,《언어연구》15·16: 21-
60, 서울대학교 언어학과 언어연구회.

한글 맞춤법을 다시 읽는다,《언어학》21: 157-184, 한국언어학회.

1998   노걸대의 모음조화,《한글》242: 31-46, 한글학회.

1999   동문유해와 방언유석 대역만주어의 비교―한어 표제어가 동일한 어휘를
중심으로,《언어의 역사》: 381-423, 태학사.

몽어노걸대 간행 시기에 관한 몇 문제,《알타이학보》9: 135-146, 한국알
타이학회.

2000   중앙아시아 한인들의 한국어 연구(공저),《한글》247: 5-72, 한글학회.

2001   근대국어의 낱말밭―유해류 역학서의 부류 배열 순서를 중심으로,《언어
학》28: 101-128, 한국언어학회.

2003   북한의 외래어―〈조선말대사전〉을 중심으로,《언어학》37: 169-195, 한국
언어학회.

조음 위치에 따른 우리말 배열사전 편찬을 위한 기초적 연구―의성의태어
를 중심으로,《언어연구》23: 1-30, 서울대학교 언어학과 언어연구회.

2005   '힐후다' 의미 연구,《한국어의미학》18: 49-71, 한국어의미학회.

'-힐후다' 계열 동사들의 의미에 대하여,《언어학》43: 165-187, 한국언어

학회.

2006 '짜장면'을 위한 변명―외래어 표기법을 다시 읽는다,《한국어학》30: 181-
205, 한국어학회.

만주어의 친족 명칭 연구,《알타이학보》16: 53-76, 한국알타이학회.

2011 만주어 색채 관련 부가어 연구,《언어학》61: 185-209, (사)한국언어학회.

2012 실학시대의 어휘 연구,《한국실학사상연구》3(연세국학총서 61): 485-545,
연세대학교 국학연구원.

만주어의 원망법,《언어학》62: 3-33, (사)한국언어학회.

'문자' 관련 어휘의 사전 기술(공저),《한국사전학》19: 91-133, 한국사전학회.

조선왕조실록에 나타난 '文字'의 의미(공저),《동방학지》158: 143-182, 연
세대학교 국학연구원.

만주어의 색채어,《알타이학보》22: 63-92, 한국알타이학회.

조선왕조실록 국역본에 나타난 '文字'의 번역 문제(공저),《인문과학》96:
45-65, 연세대학교 인문학연구원.

2013 〈대청전서〉 런던대 SOAS도서관 소장본에 보이는 붉은색 가필의 가치,《민
족문화연구》58: 507-551, 고려대학교 민족문화연구원.

런던에 있는 『大淸全書』의 이본들,《대동문화연구》81: 423-457, 성균관
대학교 대동문화연구원.

만주어와 만주문자,《만주이야기》: 69-106, 동북아역사재단.

만주어 동사 mutembi에 대하여, Current Trends in Altaic Linguistics: 291-
302, Altaic Society of Korea.

2014 A Translation of the Bible in Manchu―With Focus on Christian Terms,
《인문과학》100: 131-159, 연세대학교 인문학연구원.

Meanings of Writing,《언어학》68: 175-196, (사)한국언어학회.

표기 규범과 문자―한자어의 표기 원리,《한글》304: 141-176, 한글학회.

문자의 종류와 개념에 대한 새로운 이해,《국어학》72: 155-181, 국어학회.

2015 문자의 발달 원리와 한자의 육서,《언어학》71: 161-184, (사)한국언어학회.

활자본 『화어유초』의 서지학적 연구,《국어사연구》20: 227-251, 국어사
학회.

2016 세계에서의 훈민정음 연구―21세기 초 연구를 중심으로,《국어학》77:
377-399, 국어학회.

조선시대 유해류 역학서의 어휘 배열 순서—친족 명칭 어휘를 중심으로, 《국제고려학》 16-1: 109-125, 국제고려학회.

유해류 역학서의 종합적 검토, 《국어사연구》 22: 7-45, 국어사학회.

문자 관련 어휘의 사전 기술(2)(공저), 《한국사전학》 27: 153-200, 한국사전학회.

2017   일반문자학에서 바라본 훈민정음, 《동방학지》 181: 223-257, 연세대학교 국학연구원.

조선왕조실록 여진 인명 표기의 교정(공저), 《언어학》 79: 105-134, (사)한국언어학회.

2018   훈민정음 확장 가능성에 대한 일반문자학적 검토, 《한국어학》 80: 125-150, 한국어학회.

2019   문자의 도상성과 훈민정음, 《한글》 80-1: 37-67, 한글학회.

A Study on Socio-Graphological Functions of Chinese Characters in South Korea, 《인문과학》 115: 37-66, 연세대학교 인문학연구원.

훈민정음 후음자 'ㅇ'의 기능과 파스파 문자(공저), 《국어학》 90: 83-109, 국어학회.

훈민정음의 음절 이론과 파스파 문자, 《국어국문학》 188: 5-32, 국어국문학회.

2021   '다짐'의 의미 변화, 《국어학》 97: 31-57, 국어학회.

한국 한자어 '편지(片紙/便紙)'의 형성 과정, 《국어국문학》 194: 73-96, 국어국문학회.

한글 맞춤법의 잉여성과 간결성, 《한글》 82-2: 429-453, 한글학회.

'사탕'의 의미 분화와 한국 한자어 '설탕'의 형성(공저), 《국학연구》 46: 455-486, 한국국학진흥원.

한일 한어 학습서에 나타난 친족 어휘 비교(공저), 《언어학》 91: 87-112, (사)한국언어학회.

2022   조선시대 유해류 역학서의 질병 관련 어휘 연구(공저), 《코기토》 96: 63-109, 부산대학교 인문학연구소.